論信任

風險世界唯一生存指南

郭慧雲 著

松樺文化

論信任：風險世界唯一生存指南
目錄

目錄

前言

第一章 緒論

第一節 信任是一個不容忽視的現實和理論問題 ... 11
第二節 信任的研究歷史與現狀 ... 12
　一、信任的思想史資源 ... 12
　二、信任研究的現狀 ... 15
　三、哲學介入信任研究的必要性 ... 21
第三節 本書的研究內容 ... 24
　一、研究主旨 ... 24
　二、研究方法 ... 24
　三、研究框架 ... 25
　四、創新點 ... 26

第二章 什麼是信任

第一節 日常語言中信任與相關概念的區分 ... 29
　一、信任與相信 ... 29
　二、信任與信心 ... 31
　三、信任與信仰 ... 33
　四、信任與誠實、真誠和撒謊 ... 34
　五、信任與信用 ... 36
　六、信任與承諾、契約 ... 38
　七、信任與信託 ... 41
第二節 學術界關於信任的各種理解 ... 42
　一、心理狀態說 ... 42
　二、行為方式說 ... 43
　三、行動說 ... 45

  四、傳統文化背景中的「誠」與「信」......48
 第三節 對信任的初步界定......49
  一、信任是一種行動......49
  二、信任伴隨著託付......51
  三、不確定性的處境......52

第三章 信任的本體論地位

 第一節 科學世界視野的變化：從確定性到本質上的不確定性......55
  一、經典科學的確定性世界視野......55
  二、科學世界視野中確定性終結......58
 第二節 社會不確定性和人的行為的不確定性......61
  一、社會是一個複雜的巨系統......61
  二、人的活動的複雜性和不確定性......67
  三、他人......69
 第三節 信任的本體論意義......71
  一、應對不確定性......71
  二、信任本體性安全意義上的「信任」......74
 第四節 跨越鴻溝——信任如何應對不確定性......76
  一、信任的理性和感性基礎......77
  二、跨越（捲入、介入、實在化）......84

第四章 信任是社會的一種基本價值

 第一節 社會的基本價值......92
  一、羅爾斯論正義的社會價值......92
  二、信任同樣是社會的一種基本價值......95
 第二節 信任對於個體的意義......97
  一、基本信任是個體行動和實踐的根基......98
  二、信任拓展了個體行動可能的社會空間......99
  三、信任促成了個體行動的成功和創新......103

  第三節 信任對於社會的意義 105
    一、信任帶來了社會秩序與穩定 106
    二、信任促進合作與團結 107
    三、信任有利於社會繁榮 109

第五章 信任的歷史形態

  第一節 前現代社會的信任形態——熟人社會中的信任 111
    一、自然態度式的信任 112
    二、血緣、傳統和宗教保證了可信性 114
  第二節 現代社會的信任形態 116
    一、陌生人社會的到來 117
    二、契約的普遍化 119
    三、信任在現代社會中的表現形式——媒介性和脫域性 ... 123
  第三節 現代社會的信任問題 129
    一、現代社會信任的制度化 129
    二、制度信任的基礎 131
    三、現代社會信任問題的突顯及其根源 133

第六章 信任危機與信任重建

  第一節 世界信任危機 143
    一、紀登斯對信任危機的描述 143
    二、貝克對信任危機的描述 145
    三、現代性制度信任危機的案例 147
  第二節 信任的建立和重建 151
    一、信任建立的條件 151
    二、信任重建的舉措 158

第七章 結語

  第一節 本書的研究結論 163
  第二節 研究的不足和展望 167

論信任：風險世界唯一生存指南
前言

前言

　　信任是一個使用頻率頗高的詞彙，在現代社會中，它和人們的生活息息相關，個人生活、人際關係，乃至制度機制都會涉及信任問題。但是，信任是什麼？如何從哲學上解答信任的內涵、思想淵源、歷史變化和在當今社會中的意義？對此基本問題，學界往往語焉不詳。本書正是回答上述問題的一種嘗試。

　　本書首先論證了信任在理論和實務上的重要性，並梳理了信任研究史和信任研究現狀。作者指出，古羅馬時期商業文明形成的「立約」、「守約」思想，中世紀基督教對上帝之「約」的信仰，以及儒家文化對「誠」、「信」的提倡，是信任的思想史淵源。作者展示了西方學者從心理學、經濟學、社會學、倫理學等學科對信任問題進行的廣泛研究，而中文方面的研究主要集中在本土化研究和信任危機兩個方面，研究範圍相對狹窄。作者認為，哲學介入信任研究十分必要，全面的理論分析和整體的系統研究是將信任研究推向更深層次的基礎。西方學界對信任的哲學研究主要在倫理學領域，作者從齊美爾、盧曼、紀登斯、什托姆普卡等學者的相關論述中得到啟發，試圖對信任做更深入系統的哲學思考。

　　本書的研究旨在使對信任的探討成為一個哲學話題，因此，在第二、三章，作者試圖從哲學層面解答對信任本質的理解和定位。首先，信任是一種行為，作者闡述了信任和行動的關係的一個面相；其次，信任伴隨著託付，信任往往意味著將權利和利益託付出去，現代社會的日常生活和制度架構都是建立在信任的「託付」屬性中；第三，信任的不確定性處境，信任是人們在不確定的情境中採取的一種行動，信任以保留不確定的方式應付了不確定性。至此，作者在第三章將研究視角延伸到對「確定性」和「不確定性」的哲學探討。20世紀科學的發展使科學世界視野發生了巨大轉變：從追求確定性到本質上的不確定性。正如普里戈金所說，科學正在從決定論的可逆過程走向隨機的和不可逆的過程。比起自然科學領域，人類社會領域更為複雜，具有更大的不確定性。隨著現代化的深入，社會的複雜化程度進一步加深，

論信任：風險世界唯一生存指南
前言

不確定性更為突出。馬克思「世界歷史性的個人」、紀登斯「時空分離及脫域—再嵌入」、貝克「風險社會」等術語或論斷指示出現代化社會日益增長的不確定性特徵。人的活動也具有複雜性和不確定性，現代社會中的人更是如此。加之個體對他人的依賴、他人的「他性」和不可預測性，都打亂了世界的傳統自明性，增強了個體的焦慮感。我們透過信任應對世界的複雜性和不確定性，在此，信任彰顯出其本體論意義。信任是在我們承認不確定性存在的前提下，在行動中積極應對不確定性，尋求本體性安全的一種實踐途徑。信任消除了時間和空間上的距離感，阻斷了種種存在性焦慮，透過信任，世界變得相對簡單和確定了。但是，在應對不確定性時，信任不可能消除不確定性，因此，信任是一種甘冒風險的行為。信任的理由相對於信任行為而言總是不夠的，信任如何跨越這中間的鴻溝？作者認為，信任對不確定性的跨越除了一種心理準備，還需要行動的捲入、介入，還要一個互動和實在化的過程。因此，信任對不確定性的處理是一種實踐式的捲入，信任中關鍵性的跨越鴻溝必定包含了一種實踐努力。

信任不僅具有本體論地位，而且作為社會基本價值，具有重要的意義。作者從一種普遍存在的信任的社會氛圍出發，將信任作為社會良性運行的重要價值追求。本文借鑑羅爾斯將正義看作社會的基本價值的看法，強調信任也是社會的一種基本價值，它兼顧了社會個人與整體的發展；同時，信任對於社會個體和整體發展有基礎性價值意義。信任使得社會中的個體行為和實踐成為可能，拓展了個體行動可能的空間，促成了個體行動的成功和創新。信任作為社會基本價值，其重要性體現在它對於整個社會組織系統健康有序的存在和發展的意義上。

本書還對信任的歷史形態做了前現代─現代式的二分法。前現代社會的信任直接面對具體個體，是熟人社會中的信任，具有直接性、感情性、特殊性和道德性等特點，作者稱之為自然態度式的信任。血緣、傳統和宗教保證了前現代社會信任的可信性。在現代社會，信任形態轉變為普遍化信任。在一個契約普遍化的陌生人社會，現代社會中信任的表現形態是媒介性和脫域性的，信任關係往往表現為對媒介的信任，並且是非當面和不在場的。現代社會中，信任的制度性、普遍化本身就蘊含著信任危機，第六章重點反思了

現代社會中制度信任所暴露的問題，分析了信任危機出現的根源。信任危機是現代化進程本身所帶來的問題。由此，本書論證了社會信任的建立和重建。現代社會，信任危機是一個世界性的普遍問題，社會的信任危機是雙重的，一方面，傳統的信任已經式微，另一方面，正在建立中的制度性信任本身也面臨著質疑。本書認為，傳統信任機制的不良影響、社會的制度化機制缺失和一些政府部分公信力的削弱是當今社會信任危機的主要原因。那麼如何建立和重建信任？本書提出，信任重建的基礎是承認、尊重、自主性、平等和民主，要建立普遍的信任關係，必須加強制度、市場、文化建設，建立起一種能為社會成員普遍信任的制度性安排與制度性承諾、一種現代性生活方式。

　　本書以現代性為進程作為背景，深刻而敏銳地提出並試圖解答以下問題：信任與現代社會有怎樣的密切關聯？現代性進程與所謂「信任危機」到底有著怎樣的關係？我們靠什麼重建社會信任？信任問題是一個涉及多學科的話題，既有學理上討論的必要，也有重要的現實意義，希望本書的粗淺之見能夠拋磚引玉，引起學界對該問題更為廣泛和深入的探討。

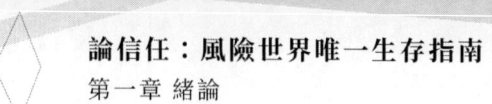

論信任：風險世界唯一生存指南
第一章 緒論

第一章 緒論

▎第一節 信任是一個不容忽視的現實和理論問題

在任何形式的社會合作中,信任都是不可或缺的。中國古代文明將「誠」與「信」作為重要的「德目」,乃至作為做人、進入社會從政以及為政和構建社會秩序的根本準則來看待。在歐洲,自羅馬帝國開始,遵守承諾和信守契約成為普遍的商業乃至司法原則,並逐漸發展成為一種悠久的文化傳統。

到了現代社會,信任越來越成為一個不容忽視的現實問題。隨著社會現代性進程的推進、社會分工的細化、全球化的發展,人們的交往越來越密切,其他人的行動構成了我們工作和生活的重要場所,構成了我們的世界。我們必須與他人共同生存,必須透過協同與合作才能滿足自己的絕大部分需要。然而,我們的工作、生存和幸福所依賴的那些人及其行動是完全獨立於我們的,因為他人能夠自主地選擇不同的行動,且具有其個人利益。而且,這些「他者」常常是「不在場的」(如產品的生產者),而我們卻非常依賴他們已經做和正在做的事情,要求他們的行動與我們的期望相協調,於是,信任成了我們生活中每天要面對的問題。可以說,社會複雜化的過程就是信任擴張的過程。在這一過程中,人們越來越感覺到信任的重要性。齊美爾(Simmel)說,信任是社會最重要的整合力量(齊美爾,2002年,第111頁)。20世紀下半葉以來,全球化的發展和現代化的深化特別是「風險社會」的出現,使信任問題極大地突顯出來,成為全球性問題和社會矛盾的焦點。從生活實踐的角度看,我們越來越體會到信任的重要性,也越來越頻繁地提到信任。信任的話題延伸到了生活的各方面,包括了對政府的信任,對法律的信任,對組織的信任,對職業者的信任,對市場的信任,對專家的信任,信任無處不在。

現代社會對信任的需求比以往任何時候都要強烈,但是,社會信任又出現了嚴重的問題:政府公信力屢遭質疑、社會中各種造假事件層出不窮。我們遇到乞討者,會懷疑有詐;就連曾經神聖純潔的學術也出現了問題,學術

論信任：風險世界唯一生存指南
第一章 緒論

造假、文憑造假隨處可見。分析網路上的焦點熱門新聞，我們發現相當一部分新聞事件歸根結柢都指向了信任危機。在現代社會中，信任危機引發的公共性事件越來越頻繁，比如，中國奶製品汙染事件、甬台溫鐵路列車追撞事故等。大量事實表明，社會信任資源短缺正成為全球面臨的嚴重問題。在現代化建設過程中，傳統的習俗型信任體系已逐漸解體，而在建設現代型的市場、制度和文化時，又需要處理現代性本身帶來的問題，這種情況也使得社會信任問題特別明顯。

從理論上來看，恐怕沒有哪個時代比現代社會對信任的關注更加頻繁、迫切了。學術界幾乎所有的學科都在討論信任問題，比如心理學、社會學、經濟學、哲學，等等，信任已經成為熱門話題。關於信任的研究在今天已呈現出跨學科和多學科交叉互動的態勢，成為哲學和各門社會科學研究的共同課題。多學科的研究成果雖然給我們很多啟示，但是缺乏理論系統性。因此，什麼是信任，信任對社會具有什麼意義，信任在我們的生活實踐中有什麼樣的地位，如何建設與重建社會信任，這是今天的生活實踐向哲學和社會科學提出的重要問題，本書試圖對此做出初步探討。

第二節 信任的研究歷史與現狀

信任，是社會的基石，沒有信任，人類社會絕對無法存在。但信任的重要性本身並沒有讓它得到足夠的關注，至少在哲學史上是如此。這主要是因為信任的背景性本質。信任是重要的，但是同時它又具有某種不可見性。正如許多研究信任的學者所注意到的，只有當信任瓦解，不能繼續維繫社會關係時，它才比較容易引起人們的重視。所以，儘管信任在任何社會中無處不在，但是直到最近才獲得了理論和哲學上的關注、重視。

一、信任的思想史資源

安妮塔・貝爾（Annette Baier）認為，當我們去研究那些歷史上偉大的道德哲學家時，我們甚至無法發現任何有關信任理論的描述，頂多只有一些提示（Baier，1986，p.232）。與貝爾的觀點相反，我們認為信任在思想史

中有豐富的資源。在西方思想史上，與信任有密切關係的詞彙主要有：「約」、「踐約」、「承諾」以及「信心」和「信仰」。另外，傳統文化對「誠」與「信」的關注，對我們今天研究信任具有重要的借鑑意義。

貝爾受當代信任研究主流思想的影響，將信任簡單理解為信任者的心理狀態、行為方式等，但是，信任是一種社會互動，作為社會互動，它不是行為者本身自動啟動機制，而是一種應對機制（respond），是對他人一定行為或者態度的回應。我們可以這樣來理解信任的這一對應性：A. 我們需要他人的信任，B. 我們需要信任他人。表述 B 是站在信任者的立場，表述 A 是站在被信任者的立場。在思想史中有很多討論都是站在表述 A 的立場，也就是取信的立場，而當代信任研究大多是以表述 B 為出發點。這一關注視角的轉變是被大多數人所忽略的。因此，西方很多研究信任的學者普遍認為古代哲學和倫理學都忽略了信任這一現象，而中國的文明裡很早就重視信任（誠信）。其實，在西方學者將信任作為哲學史和學術史的盲點時，他們限制了信任的討論空間，將表述 A 排除在外；而當學者認為中國的儒家文化很早就關注信任時，他們其實擴大了西方學者討論信任的空間，將表述 A 加入其中。澄清信任現象本身具有的雙重立場，有助於我們把對信任考察的視野擴大，這樣我們可以在中西方思想史中找到很多可以借鑑的思想資源。

古羅馬商業發達，經濟交易行為頻繁，在經濟交易行為中產生了「立約」、「守約」的觀念。對後世政治和經濟文明影響比較大的《羅馬法》甚至直接將「誠信契約」寫入了法律，並對其做了詳細的規定和解釋。自羅馬帝國始，「遵守承諾和信守契約」被看作公正的基礎（西塞羅，1999 年，第 13 頁），成為普遍的商業乃至司法原則，並逐漸發展成為一種悠久的文化傳統。

中世紀是宗教信仰盛行的時代，基督教中「約」的思想是研究信任重要的資源。阿奎那和其他基督教道德哲學家讚美了信仰的美德，而在信仰行為中，我們都是無限地依賴一個超驗的存在，將自己的幸福和命運託付給這個至高的存在。信仰行為中的託付性對於我們研究信任具有重要的啟發意義：從信仰到信任，就是託付關係實現了垂直向水平的轉換。

論信任：風險世界唯一生存指南
第一章 緒論

一方面，在西方，宗教信仰的本質就是關於「約」的思想，是人與上帝之間的約定，它包含了相互性，意味著憐憫和對「約」的忠誠，上帝和信徒各自堅守約定。人與上帝之間的約定包含了任何普通約定相似的內涵：允諾和守約的義務。上帝對希伯來人說：「我是你們的上帝，你們是我的子民。」這句話潛在的含義是：只要希伯來人遵守他們在約中的義務，上帝將會在場。也就是，上帝的子民必須遵守約中的基本規條，否則將受到懲罰。

另一方面，與上帝之「約」充當了人與人之間信任關係的仲介。「約」不僅支配著訂約人與上帝的關係，還支配著訂約人之間的關係，因此人們都是透過與上帝的關係，獲得他們的身分。由此，與上帝之間的立約就塑造了人的社會身分，並透過「約」對人的社會身分進行管理。上帝就充當了人與人之間信任關係的仲介。

儘管很多時候「約」被特指為上帝和人之間的關係，但是，「約」的思想已經深入西方文化的精髓，對於現代社會信任機制的建立產生了深遠的影響。「約」所包含的「守約」、「踐約」，無不與信任有著密切的關係。

到了近代，隨著社會契約論的出現，信任以全新的視角進入哲學家的視野，此時，「踐約」和「承諾」幾乎有著和正義同等重要的地位，在休謨和洛克的道德哲學中表現得很明顯。休謨在《人性論》中提到：人類社會的和平與安全完全依賴於這三條法則（穩定的財物占有法則，根據同意轉移所有物的法則，履行許諾的法則），而且這些法則遭到忽視的地方，人們也不可能建立良好的交往關係，社會是人類交往所必需的，而這些法則對於維繫社會同樣是必需的。不論這些法則對人類的情感產生怎樣的約束，它都是人類情感的真正產物，並且只是滿足人類情感的一種更為巧妙、更為精細的方法（休謨，1996年，第566頁）。洛克也曾討論了對政府的信任問題，指出自利不可能是自然法的基礎，信任是社會的紐帶（Locke，1954，pp.212-214）。

古典經濟學家亞當斯密的著作《道德情操論》關注了道德情操對利己動機產生的利益衝突的協調。他認為人類經濟活動建立在社會習慣和道德基礎之上，沒有這些習慣和道德，人們的交易活動就會受到重大影響，交易基礎

就會動搖。而在一系列道德情操中，他多次提到了人與人之間的信任、誠實不欺。

另外，近代思想史已經有一些對信任心靈層面的關注。蘇格蘭常識學派哲學家里德在《論人的能動性》中強調了信任和相互信心對社會生活的重要性：我們習慣了強調真和誠，但卻忽略了對與它相對應的信任和相互信心的強調。然而，如果沒有對我們自己或者他人擁有能動性的信任，沒有一個誠實的人會做出承諾，也沒有一個正常人會相信承諾（Reid，1969，p.18）。史賓諾莎將信任定義為一種情感或者激情（史賓諾莎，1997年，第115頁）。凱因斯也很明確地將一種信任和信心的期待狀態與行動和實踐的未來指向聯繫起來。在行動和理性的問題上，凱因斯說行動者對現在的事實狀態感覺安全，從而形成了一種長時期的期待（凱因斯，1997年，第131頁）。在這一簡單的陳述中，凱因斯指出了一個顯著的矛盾：信心，作為行動的基礎，將未來帶到了現實，它是透過一種心理機制做到這點的，在這種心理機制中從現在到未來的「逆向反射（reverse projection）」（Barbalet，1996，p.85）發生了。

二、信任研究的現狀

信任是相當複雜的社會現象，研究學者從不同的角度給出了不同的理解，不同學科的學者對信任的研究也有所不同。目前西方學者對信任問題的研究基本是從心理學、經濟學、社會學、倫理學等學科層面上展開的。

（1）心理學對信任問題的研究

心理學對信任的研究是現代信任研究的起點。這一研究以社會個體的心理為基礎，將信任理解為個人的心理事件或人格特質。在心理學家的研究中，信任是個體化的概念，而不是互動的概念，信任的達成是發生在個體內部的過程。

心理學對信任問題的研究最早始於美國心理學家多伊奇（Deutsch）。他將信任理解為一種個體心理事件，認為信任是個體對情境的反應，是由情

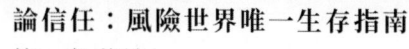

境刺激決定的個體心理和行為,信任程度隨著情境的改變而改變。因此,信任是一個受外界刺激的因變量(多伊奇,1958)。

心理學家羅特(Rotter)和霍斯莫爾(Hosmer)等借助心理學的測量、統計、比較的實證方法,得出結論:信任是一種存在於個人內部的相對穩定的性格特質,是經過社會學習逐漸形成的(Rotter,1967;Hosmer,1995)。

(2)經濟學對信任問題的研究

到1970年代,經濟學家開始關注信任問題。1976年,新古典學派經濟學家蓋瑞·貝克(Garys Becker)出版了《人類行為的經濟分析》,用經濟學的分析方法理解人類的信任行為,主要研究信任在理性選擇過程中的作用,嚴格來說,沒有觸及信任問題本身,而是將信任看成是影響理性選擇的一個因素。

經濟學家對信任問題的研究其實主要是從理性選擇出發的,將信任看成是人們為了規避風險、減少交易成本的一種理性計算。討論計算型信任比較典型的是經濟學家科爾曼(Coleman):信任是社會資本的一種形式,它可以減少監督與懲罰的成本,就信任關係而言,它涉及行動者是否甘冒風險自願轉讓資源或者資源控制權的問題。他指出,最簡單的信任關係涉及兩個行動者:委託人和受託人,作為理性行動者,要在風險條件下最大限度地獲得個人利益,必須在給予信任或拒絕信任中做出選擇(科爾曼,1999年)。在科爾曼的分析中,信任儘管是風險性行動,但卻是基於理性計算的,很少有感情成分。威廉姆森(William-son)認為,現實中的人都是契約人,他們無不處在交易當中,契約人達到的是「願望合理,但只能有限做到」的有限理性,人們為實現目標尋求自我利益必然會追求機會主義,組織是作為克服有限理性的經濟工具來使用的,擴大控制和監督程式可以減少對信任的需要(儘管不能完全消除),他構建了契約規制模型,作為這種思想的一種體現(威廉姆森,2002年)。同樣是在理性選擇理論的框架下,達斯古普塔(Dasgupta)和諾斯(North)卻得出了相反的結論。達斯古普塔強調了多次博弈,信任正是在反覆博弈與經歷中建立起來的,信任是一個重要的博弈

目標，大多數經濟學家忽略了信任是所有交易的核心（Dasgupta，1988）。諾斯認為，在人們的資訊和計算能力有限的條件下，信任降低了人們的交易成本（Douglass C. North，1994）。

經濟學家的另一個重要貢獻是把信任看作一種社會成本或資源，把信用看作市場經濟的基石。經濟學家阿羅（Arrow）認為，信任就是市場經濟的潤滑劑，是不容易買到的獨特商品（Arrow，1974）。經濟學家赫希（Hirsch）也指出，信任是很多經濟交易所必需的公共品德（Hirsch，1977）。

（3）社會學對信任問題的研究

社會學家對信任的關注突破了個體的侷限，他們將信任看成是一種社會關係，或者社會行動，甚至進一步認為這種社會關係根植於整個社會宏觀背景之中。社會學家的研究主要集中於從社會的視角闡釋信任的形態，以及其產生和作用機制。

韋伯（Weber）和盧曼（Luhmann）以及紀登斯（Ciddens）都對信任的存在形態做了詳細的分析。韋伯將信任分為特殊信任與一般信任。前者以血緣性社區為基礎，後者以價值共同體為基礎。在《信任的邏輯與侷限》中，巴伯（Barber）沿著心理學的路徑，將信任定義為期待，並以期待為基礎將信任分為三種類型：①對自然及道德秩序的預期而形成的一般性信任；②對與自己有人際關係及社會角色往來的人能夠稱職表現的預期而形成的技能信任；③對他人能徹底承擔其被託付的責任並不惜犧牲自身利益的預期而形成的義務信任。盧曼和紀登斯從歷史發展的角度將信任分為傳統社會的信任與現代社會的信任。不同的是，盧曼強調了傳統社會中信任的熟悉性基礎，現代社會信任的複雜性和抽象性，信任由人際信任發展到對專家系統、制度系統或法律系統的信任。人際信任以情感關聯為基礎，而系統信任以規範制度、法律法規的強制規則為基礎。

關於信任產生的機制，很多社會學家都做了相關的論述。塗爾干（Durkheim）認為信任來自家庭和血緣關係（塗爾干，2000）。帕森斯

（Parsons）把信任視為約定的結果（Parsons，1969）。祖克爾（Zucker）從發生學的角度給出了信任的三個層面：

①基於交往經驗的信任。在這種信任關係中，互惠性是核心。

②基於行動者具有的社會、文化特性的信任，它源於社會模仿的義務和合作規則。

③基於制度的信任，這種信任是建立在客觀的規則和規範的基礎上。

福山則進一步認為信任是由文化決定的，它產生於宗教、倫理、習俗等文化資源，依賴於人們共同的價值觀、共同遵守的規則和群體成員的素質（Zucker，1986）。社會學關於信任產生的研究，突破了經濟學工具主義理性選擇的侷限性。雖然不否定契約與私利對信任關係產生的直接影響，但是，社會學家認為組織內部共同的道德和價值觀為個體之間的信任打下了牢固的基礎。

在社會學中，也有很多關於信任的功能或者功用的研究。最早對信任問題做出專門論述的德國社會學家齊美爾，在1900年出版的專著《貨幣哲學》中就將信任看成是「社會中最重要的綜合力量之一」，他論述道：「離開了人們之間的一般性信任，社會自身將變成一盤散沙，因為幾乎很少有什麼關係能夠建立在對他人確切的認知之上。如果信任不能像理性證據或個人經驗那樣強或更強，則很少有什麼關係能夠持續下來」（齊美爾，2002年，第111頁）。科爾曼也從交易成本的角度認可了信任的價值，他認為信任關係是平等交換的重要條件。他還指出，信任是社會資本的一種形式，它可以減少監督成本與懲罰成本。最簡單的信任關係涉及委託人和受託人（科爾曼，1999年）。與科爾曼相比，盧曼和紀登斯對信任功能的認識更加深入。盧曼在1979年出版了一本對信任研究具有重要意義的論著《信任與權力》，在這本書中，他從新功能主義角度界定信任，指出信任是簡化複雜性的機制之一。紀登斯更進一步將信任看成是本體性安全。他認為，人的生活和實踐需要以一定的本體性安全為基礎，而這種本體性安全往往表現為一種基本的、不為人察覺的、習以為常的信任感，他將具有本體性安全意義的信任稱為基

本信任。基本信任消除了焦慮，是我們生活和實踐的立足點（紀登斯，1998年，第 60 頁）。

在這裡要特別強調的是，社會學的研究中有一條重要的線索對本書的研究具有重要的借鑑意義。這條線索就是由齊美爾開創的，對信任中神祕的「深一層的要素」的關注。盧曼、紀登斯、什托姆普卡（Piotr Sztompka）抓住了這條線索，而毛勒瑞茵（Möllering）將信任中包含的這層內涵進一步明朗化（毛勒瑞茵，2001，2005，2006）。

齊美爾認為在信任的基礎與實際的期望之間，存在一個弱（更弱）的聯繫，這種期望是當人類達到信任的狀態時所擁有的。而且，齊美爾認識到一種神祕的「深一層的要素」，一種信仰，它解釋和抓住信任的獨特本質（齊美爾，2002 年，第 111 頁）。但是，對於「深一層的要素」到底是什麼，他插入了一個長長的註腳來解釋：存在另一種類型的信賴，這種信賴位於知識和無知的範疇之外（Simmel，1964，p.318）。在註腳中，齊美爾首先試圖給出一個模糊的觀念，就是「深一層的要素」實質上限定於宗教信仰，但最終他讓步於他自己的觀點（齊美爾，1964，第 318 頁）。此時，齊美爾對「深一層的要素」的理解並不是很清楚，時而將它看成是類似宗教信仰的東西，時而努力從他的概念中去消除這個「深一層的要素」。齊美爾的觀念強烈地暗示我們：信任在現代社會有著至關重要功能的同時，信任的基礎實際上是相當弱的。持有類似觀點的還有紀登斯。

紀登斯引用了齊美爾在信任問題上的準宗教元素的精彩段落。他寫道，信任，尤其是對抽象系統的信任，依靠模糊的和局部的認識。信任不同於弱歸納性知識，信任意味著對「承諾」的一種「跨越」，一種信仰的品質，這是不可化約的（紀登斯，1998 年，第 20 頁）。

與齊美爾一致，盧曼寫道：儘管信任者從來不會沒有理由，而且他完全能夠說明為什麼在任何一個場合表示信任的理由，這些理由實際上意在維護他的尊嚴，並在社會上證明自己是正當的（盧曼，2005 年，第 33 頁）。盧曼認為信任對複雜性問題的成功的反映，並沒有消除複雜性，而是減少了複雜性：也就是說，在某種意義上保留它，使它可以忍受。盧曼認為信任的內

在基礎不在於認知能力，而是一種系統內部的懸置。而且，盧曼介紹了一個新的概念：透支的資訊（盧曼，2005 年，第 41 頁）。這意味著我們信任的理性基礎與付出信任行動之間有一段距離。盧曼將信任包含的一種深層因素看成是意志的一種作用。於是，信任在功能上是理性的，而在本體論和認識論上似乎是超驗的，比如「信任依靠幻想」，或者「行動者樂意超越這種資訊的赤字」。

什托姆普卡注意到了齊美爾所說的「深一層的要素」背後的實踐邏輯，指明了信任內涵中的未來指向，從實踐和行動哲學的角度，強調了信任積極的實踐意義。

毛勒瑞茵繼續對信任中這一神祕因素進行概念化，把它看作包含三個元素的「一個心理過程」，即期望、解釋和懸置。期望是位於這個過程的末端（結果）的一種狀態，它跟隨在解釋和懸置的結合之後。任何形式的解釋都是有限的，不是不可避免地使期望成為可能。一種另外的要素（與齊美爾一致）——「懸置」，是必不可少的。這種機制支撐著不可知物，從而使解釋性的知識馬上可靠。懸置使信任的跳躍成為可能。

(4) 倫理學對信任的研究

倫理學也開始關注信任問題。主要代表人物有：鮑克（Bok）、歐妮爾（O'Neill）、貝爾、戈薇爾（Govier）、拉格斯佩茨（Lagerspetz）和勞格斯鑽普（Løgstrup）等。鮑克是最早關注信任的哲學家，在她的著作《撒謊》中有一章題目為「真實、欺騙和信任」，雖然她的這本書主要討論的是「撒謊」，但是「真實、欺騙和信任」這一章的論述卻直接將信任作為一個具有哲學高度的問題來討論，提出了信任對於我們人類生活的重要意義（Bok，1978，p.31）。而貝爾、戈薇爾將信任歸為關懷倫理之下，強調了信任所包含的自我的脆弱性和他人的善良意志（Baier，1986；Govier，1992）。拉格斯佩茨和勞格斯鑽普在他者倫理學的背景下研究了信任，認為信任是一種無聲的要求，是信任者向被信任者發出的要求，尊重和回應他者對我們的期望和訴求，就是對責任和義務的感知（Løgstrup，1971；Lagerspetz，1998）。2002 年，歐妮爾在 BBC 上發表了演說《信任問題》，這篇一百多

第二節 信任的研究歷史與現狀

頁的演講稿具有深刻的現實意義，她澄清了我們對「信任危機」的誤解，提出了信任正面臨著現代化的制度化轉型，在這個轉型中，信任往往需要很多的辯護和論證，需要抽象機制的支撐（O'Neill，2002）。而這種對抽象機制的強烈依賴和需求正是現代社會信任的表現形式，但是往往又被我們感知為「信任危機」，這種感覺和行為的偏差體現了現代社會信任中蘊含的悖論——信任是以不信任為基礎建立起來的。歐妮爾的論述雖然沒有過多地討論信任的本質問題，但是卻啟發了我們對信任現代性背景的哲學反思。

三、哲學介入信任研究的必要性

毫無疑問，當前多種學科的研究角度所取得的研究成果是豐碩的：心理學家研究了信任達成的心理過程；經濟學家從經濟學交易行為的角度研究了信任的合理性和信任的功能；社會學家從社會關係、社會行動甚至社會功能和現代性的角度對信任的類型、產生以及功用做了具體而深入的探討。這一系列研究成果為我們深入理解社會信任的本質和發展規律提供了必要的資料。

但是，當前學術界關於信任的很多研究是經驗和現象層面的，缺乏全面深入的理論分析和整體的系統研究。在現代化進程中，社會生活面臨越來越多的信任問題，信任問題對社會發展和個人生活影響也越來越深遠，什麼是信任，如何建設和重建社會信任，這是今天的生活實踐向哲學和社會科學提出的重要問題。經驗研究已經無法解答社會中的信任困惑。人們必須改變經驗研究態度，理性、系統、全面地認識信任問題。

哲學領域對信任的研究主要集中在倫理學。上文提到的貝爾、戈薇爾、拉格斯佩茨和勞格斯鑽普都是關注信任問題的哲學家，只是，他們都將信任侷限在狹隘的倫理學領域，將信任歸到關懷倫理或者他者倫理之下。鮑克將信任作為一個具有哲學高度的問題來討論，提出了信任對於我們人類生活的重要意義（Bok，1978，p.31）。歐妮爾的論述雖然沒有過多地討論信任的本質問題，但是啟發了我們對信任現代性背景的哲學反思。然而，總的來看，哲學對信任的研究是不夠的，正如貝利（T.Bailey）所說：「信任在哲學中

的隱蔽如同它在實踐中的隱蔽。哲學家要麼忽視它的存在，要麼假定它已經存在。」

在各個學科紛繁的研究中，有些學者也提出了對理解信任比較有意義的見解，這些觀點對我們從哲學層面研究信任具有重要的借鑑意義。

齊美爾對信任的論述雖然極少，但是具有深刻的理論涵義。他只在三處論及信任：《貨幣哲學》分析卷第二章第三節「社會交換與社會關係」和《社會學》一書中第五章「祕密和祕密的社會」正文部分和注釋部分。這三處加起來雖然不到 10 頁，但思想卻相當豐富，充滿啟發性。他對信任的研究貢獻主要有三個方面：

①提出「信任是重要的社會綜合力量」，宣揚了信任的重要性。

②提出系統信任（對貨幣的信心）。

③提出信任是知與不知之間以及信任中包含的一種類似信仰的神祕社會心理因素。

盧曼的《信任》專著具有重要的學術價值，他對信任的理解具有高度的抽象性和理論性，對信任研究主要有以下五個方面的啟發：

①看到了信任在日常生活中的基礎性地位，「信任是我們藉以過日常生活的視域的必要部分」（盧曼，2005 年，第 1-2 頁）。

②從功能上詳細論述了信任與社會複雜性（社會不確定性之間）的關係，信任意味著對社會複雜性的簡化，這種簡化包含了對他人自由的應付，也包含了對抽象系統中的多種可能性忽略。

③信任與未來之間的關係。「信任的主題包含著與時間的有疑問的關係。信任就是為了預期未來。那樣去行動，彷彿未來是確定的」（盧曼，2005 年，第 12 頁）。

④資訊透支的觀點。信任之所以能簡化社會複雜性，能產生一種確定性的錯覺，就是因為資訊的透支、對現有證據的超越，在這點上與齊美爾的「信任處於知與不知之間」是一致的。

⑤關於控制與信任之間的關係。「在這種控制可以得到保證（即『現實化』）的地方，信任是沒有必要的。

但是，要簡化以或多或少不確定的複雜性為特徵的未來，人們必須信任」（盧曼，2005年，第21頁）。盧曼提出了完全控制的不可能性，以及控制本身所蘊含的巨大風險。「未來的可能性其實沒有因為計畫而縮小，相反因它而擴展，這些計畫設想包含長長的、錯綜的因果鏈———包括許多因素和不同人的行動。而且，就個人而言，恰恰是這種有計畫的複雜性產生新型的不安全。再者，這種計畫含有很高程度的技術上顯著的不確定性」（盧曼，2005年，第21頁）。控制不可能取代信任，兩者是互相關聯的，控制機制要以信任為先決條件。

紀登斯對信任的論述集中在《現代性的後果》、《現代性與自我認同》以及《自反性現代化——現代社會秩序中的政治、傳統與美學》中。他是在現代性的話語下研究信任，將信任與現代社會中的脫域機制緊密聯繫起來，突顯了信任在現代社會的獨特意義。另外，他發展了兒童心理學中對信任的研究，提出了信任最初起源於人類個體的「本體性安全」需求，在此意義上，將焦慮看作信任的反面，注重信任的安全價值。這為很多的研究者提供了靈感，人們將現代性焦慮看作信任危機的表現。

什托姆普卡繼承和發揚了盧曼關於信任未來指向的觀點，從實踐和行動哲學的角度，強調了信任積極的實踐意義。

齊美爾、盧曼、紀登斯和什托姆普卡的見地有一定的哲學涵義，但是，他們著作中蘊含的哲學思想又都是零散的，沒有從哲學的高度系統地思考信任問題。筆者吸收了思想史上相關的資源，以及當今學術界信任研究的一些有價值的啟發，力圖對信任問題做系統性的全面理論探究。

論信任：風險世界唯一生存指南
第一章 緒論

第三節 本書的研究內容

一、研究主旨

　　本書力圖在哲學的討論視域下探討信任問題。因此，本書的研究主旨就是我們對信任的探討要具有深刻的哲學意味，將信任變成一個哲學的話題。而要做到這一點，關鍵是對信任本質的理解和定位，也就是我們在正文部分第一章和第二章做的研究。由表及裡地觸及信任概念的核心，使得信任具有本體論地位。其次，從社會存在和發展的角度入手，將信任看作社會的基本價值。在理論思辨的層面，我們有幾個問題要解決：信任到底是什麼，是否有幾個詞彙能高度抽象地概括出信任的內涵？信任與我們的生活實踐有著怎樣的密切關聯性？信任對於人類社會有著怎樣的不可取代的重要意義？再次，本書的研究是基於現實中信任現象的繁雜與困惑，整篇文章對信任問題的討論是以現代性進程作為背景。這種現實敏銳感也會體現在我們對信任的定義和本質的探討中。而從現實的層面看，我們有以下幾個問題要解決：信任本身與現代社會有著怎樣的密切關聯？現代性進程與我們所談的「信任危機」到底是什麼關係？我們能做些什麼來重建社會信任？

二、研究方法

　　本書試圖從哲學的角度對以上幾個研究問題做出解答，這裡，簡單交代一下本書的研究方法。

　　第一，哲學思辨的方法。這是本書採用的主要方法，全文的論證都離不開哲學思辨。這種方法對於我們對信任內涵的理解、信任本體論地位的定位以及信任的價值定位具有重要的方法論意義。即便是在對信任的歷史和現實的考察中，我們仍然將哲學思辨中高度凝練的現代性視野作為一條主要的線索，貫穿始終。

　　第二，主要採用了多學科、多角度綜合研究的方法。信任問題的多學科研究成果為我們對信任的哲學探討提供了豐富的思想資源。本書從系統的綜合角度，在多學科中展開交流與對話，汲取它們對信任研究的重要成果。

第三節 本書的研究內容

第三，對比分析的方法。在我們分析信任的歷史形態時，將前現代社會和現代社會信任的形態做了多方面的比較，最終突顯了現代社會信任的特性以及弊端。除此之外，關於信任的價值定位和信任危機的探討也運用了對比分析的方法。

第四，理論與歷史、實踐相結合的方法。本書對信任問題的理論研究緊扣現代性進程的時代背景，密切關注全球化時代國際社會風險的加劇、社會複雜性和不確定性的增加。在分析信任的定義時，注意回應信任問題產生的現代性背景。關注現實社會中信任危機和信任重建問題，結合具體的案例分析世界性制度信任危機。對於現實的關注也傾注了我們的理論思考，比如我們談信任重建的時候，會對信任建立的一般條件做初步的理論探討。

三、研究框架

除緒論、結語外，本書正文部分在結構上分為五章：

第一章：「什麼是信任」。本章一方面從日常語言中信任以及其相近相關概念的使用入手，釐清信任與這些概念的區別和聯繫。另一方面，從信任的研究狀況入手，梳理出幾種對信任理解的學術觀點。最後，嘗試給出一個關於信任的分析性定義，並對此定義加以說明。在對信任的定義做具體說明時，我們儘量使用高度抽象和含括的詞彙來分析信任的內涵，並對信任問題產生的現代性背景有所回應。

第二章：「信任的本體論地位」。從人類社會不確定性的存在結構入手，論證社會不確定性是人類生活和實踐的主要困境。應付不確定性作為人類實踐的一個重要主題，對我們的生活和實踐具有本體論意義。而信任正是應付不確定性的一個重要路徑，由此，信任具有本體論地位。那麼信任到底是怎樣應付不確定性的呢？透過對由齊美爾所開創的信任「跨越」內涵的深入分析，我們將剖析信任是如何應付不確定性的。

第三章：「信任是社會的一種基本價值」。這一章不僅僅是從功能主義的角度談信任的作用，還將信任看成是社會存在和發展的基礎性和必要性條件。在這一章中，筆者嘗試借鑑羅爾斯「正義論」的立場和論證方式，論證

25

論信任：風險世界唯一生存指南
第一章 緒論

信任也是社會的一種基本價值，信任與正義一樣對社會的存在和發展具有基礎性的地位和價值。這一章論證的主要困難之處是將「信任」提升到對社會具有根本的、基礎性價值的高度。

　　第四章：「信任的歷史形態」。本章從歷史演進的角度談論不同時代信任呈現的不同表現形態——從自然態度式的信任到制度信任的轉變。本章不僅僅是對信任的歷史演變做了一個描述，而且是有一個落腳點，主要是落在現代社會的信任形態。圍繞這個落腳點我們著重闡述信任如何實現制度化、客觀化的轉變，其中涉及契約在這一轉變中的重要過渡意義，並嘗試提出現代社會信任（制度化信任）的困境以及其根源。這一章的困難之處是論證信任形態的制度化、客觀化轉變，以及制度信任出現問題的根源。

　　第五章：「信任危機與信任重建」。力圖來描述信任危機現象，並嘗試做出初步的說明和分析。其中，尤其要關注的是社會的信任危機和信任重建問題。在針對信任問題提出信任重建的具體措施之前，我們嘗試提出信任產生的一般性條件。

四、創新點

　　本書主要有以下幾個創新點：

　　①本書用高度概括的幾個詞彙——「行動」、「託付」和「不確定性」，對信任的定義做了分析。對信任定義的這一高度的理論定位，使得下文中關於信任話題的展開有了廣闊的討論空間。自由、平等以及不確定性的本體論問題都可以進入到關於信任的思考中。

　　②從本體論的高度繼承和發展了由齊美爾開創的「神祕的跨越」這一對信任本質理解的線索。圍繞著信任中的「跨越」和「懸置」，我們將深入探討信任對人類社會基本問題——不確定性的應付和處理。

　　③本書將借鑑羅爾斯政治哲學著作——《正義論》中對正義的社會價值定位，嘗試對信任做價值定位，信任和正義一樣，對社會的存在和發展具有基礎性價值，而不僅僅是社會功能主義所認為的一種可被替換的功能機制。在這個看法中，「信任」被提高到了和「正義」一樣的高度。這種研究視角

上的類比將「信任」突顯出來，指出「信任」和「正義」一樣是重要、不可忽視和不可替代的。

④追溯了信任的契約化和客觀化的過程，強調了契約關係在這一過程中的重要過渡作用，並批判性地分析了以契約化為基礎的制度信任。

⑤受貝克、紀登斯和拉什對現代性自反性反思的啟發，筆者將世界性信任危機看成是現代社會的制度性危機（或者說制度的自反性），並將以兩個案例分析——次貸危機和華爾街運動論證這一觀點。

⑥本書提出了信任建立的一般條件。其中，基礎性條件：承認、尊重、自主性、平等和民主，可信性條件：一貫性、坦誠、真實。這些條件都與現代社會的特性之間有著密切的關係，這種嘗試性的討論暗示了現代社會必將能產生某種獨特的適合自己的信任模式，擺脫世界性的制度危機。

第二章 什麼是信任

第二章 什麼是信任

　　本章將初步探討什麼是信任。首先，透過區分日常語言中信任與其相關詞彙的用法，我們會引出一些關於什麼是信任的直觀性理解。然後，根據當前學術界對信任研究的一些理論，分析出幾種關於信任的不同觀點。在此基礎上，我們將初步界定什麼是信任。

▍第一節 日常語言中信任與相關概念的區分

　　在日常語言中，人們對信任的談論與很多詞彙聯繫在一起，比如相信、信心、信仰、真誠、信用、誠實、承諾、契約和信託。當信任與這些詞彙混淆在一起的時候，我們很難明確地說清什麼是信任。釐清日常語言中這些詞語與信任之間的關聯，對於理解什麼是信任具有重要的意義。經過分析，我們會發現：有一些詞彙有時跟信任之間甚至具有可替換性，但有時卻有很大區別，比如相信；有一些詞彙與信任之間有某種相似的內涵，比如信心和信仰；有一些詞彙與信任之間是一種互生的關係，比如真誠、誠實和信用；有一些詞彙與信任之間是相反的關係，比如撒謊；還有一些詞彙與信任之間具有衍生性關係，比如承諾、契約和信託等。

一、信任與相信

　　我相信你和我信任你，很多時候，這兩個表述在日常語言中是不加區分的。但是，我們仔細品味日常語言中兩個詞的用法，會發現兩者有一定的區別。當我們說：我相信地球是不會滅亡的；我相信這個世界是美好的。這個時候用信任替換相信就顯得很奇怪。我們不會說：我信任這個世界是美好的；我信任地球是不會毀滅的。當相信後面跟的是一個事實命題陳述的時候，相信就與信任區別開來了。

　　我們可以透過信念一詞來加深對相信的理解。首先，信念是相信的名詞形式，信念是以命題的形式出現，相信往往意味著一種信念的形成，也就是說相信最終是以一種名詞的既成的靜態形式存在於思維和頭腦之中。在知識

論信任：風險世界唯一生存指南
第二章　什麼是信任

論中，信念幾乎等同於命題，這表明了信念作為認知結果的一種當然形式，它有明顯的認知傾向，建立在客觀觀察和預測的基礎上，是認知的結果。其次，信念作為心靈哲學的範疇，是一種命題態度，是心理表徵的最簡單形式，因此也是意識的組成部分之一。從這個角度看，相信這一概念預設了一個主體（信念擁有者）和相信的對象（命題）。所以，像其他的命題態度（希望、想要）一樣，相信意味著心理狀態和意向性的存在，相信是一種心理狀態。相信是置於頭腦之中的，是屬於思維的。

為什麼信任後面不能跟一個事實命題陳述？我信任你，意味著一種互動關係的產生。我信任你，我會在別人都懷疑你的時候支持你；我信任你，我會與你合作、與你交往，將某些東西託付給你。我信任你，不是我對你的某些方面的行為形成一種靜態的信念，雖然在很多時候人們用我相信你替換我信任你，但是信任與相信有很大的區別。因為信任吸引人的地方正在於由信任而來的依靠。這種依靠和信賴已經是一種實在化的東西了，而不僅僅是思維中的。這種依靠和信賴反映了信任者對他人的需要，受他人的影響。「我相信你還不錯」、「我相信張三會那樣做」等表述，是有關他人行為的標識，其所涉及的個人沒有被要求展示出包含在信任的更深層次意義中的「信賴（reliability）」（紀登斯，2000年，第26頁）。它表達的意思是，在適當的情況下，人們可以肯定張三會如此行動，此時相信根本沒有涉及思想之外的實在——沒有與張三建立起一種實在化的關係。再如，我相信某一檔股票會上漲，這個時候我會買這支股票，此時，雖然相信和信念也許會對信念擁有者的行動和實踐有積極的影響，但是相信和信念本身並不包含一種實在化的實踐。相信是思維中的，只是形成某種信念，它們與外部實在之間的關係是偶然的，沒有必然關聯。但是，信任本身就意味著一種實在產生了，由於我信任，我們之間就有了一種實在的交往關係，我們之間就有了交集。信任絕不是像相信那樣停留在抽象的思維中，它已經有了外部實在性。

雖然有人提出信任有認知的成分，但是信任與認知之間的關係是偶然的，信任甚至可能表現為不假思索、粗疏隨便和墨守成規（盧曼，2005年，第31頁）。雖然信任有時也會伴隨某種信念命題，但它不單單包含認知命題，信任中還有人的需求與慾望以及與之相關的一種實在性。從根本上說，信任

往往是信任者與被信任對象之間的交往和互動,這種互動有認知的成分,但更多的是一種行動以及情感關聯。

二、信任與信心

在日常語言中,我們一般會說:對某人有信心,對某項事業充滿信心,對自己充滿信心。當我們使用信心的時候,意味著對人或事物未來的某種行為或者某一發展趨勢有一定的把握,內心擁有一定的確定感,這種內心的確定性對於我們的行動具有重要的意義,擁有信心的人更勇於行動。當我對市場充滿信心的時候,我會樂意投資;當我對自己充滿信心的時候,我敢於實踐。因此,信心在行動的連續系統中處於一種類似激發的環節,是離行動比較近的位置,當對某事物持有信心的時候,我們可以認為,與此類事物相關的某一行動是比較可能的。

我們還可以從信心的對立面來理解信心對於行動的意義。信心與被達爾文稱為低落情緒的東西對立(Darwin,1965,pp.176-195)。焦慮、憂傷、沮喪和絕望將導致不確定性,從而會減弱行動的傾向,也會導致與他人的隔絕,這也會限制行動的資源和行動的機會。信心可以被描述為一種有把握預期的情感。信心不僅是行動的基礎,也是對行動的積極鼓勵。而自我信心是達爾文描述的另一組情感的對立面:羞恥、害羞和謙遜(Darwin,1965,pp.309-346)。這類情感限制行動的範圍,信心則正好起著相反的作用。信心鼓勵人們走自己的路,信心是一種自我投射的情感。信心的特性可以用兩個相對立的屬性來暗示:「低落情緒」與「自我關注」的情感。有把握的期待和自我投射是人類自主抉擇的情意基礎,信心是行動和自主抉擇的情意基礎。

對本質上不確定的事物提供一種確定的感覺,從而讓一種有把握的行動得以可能,信心正是透過這種方式將未來帶到現在。齊美爾將信心描述為社會中最重要的綜合力量。因為它是涉及未來行為的假設,它足夠確定,能作為實踐行動的基礎(Simmel,1964,p.318)。

論信任：風險世界唯一生存指南
第二章 什麼是信任

　　首先，由於信心與行動之間的這種關聯性，紀登斯認為，信任是信心的特殊類型，而不是與之截然不同的其他事物（紀登斯，2000年，第28-29頁）。在這一點上紀登斯與巴巴萊特的看法是一致的。巴巴萊特認為信心與信任都是指向特定未來的一種積極的期待，信任與信心都是對未來的一種情感態度。作為對未來的一種態度，兩者同樣都是行動和自主抉擇（agency）的「情意基（affective basis）」（Barbalet，1996，p.82）。如果說兩者有區別的話，就在於：信心可以是針對自己的，而信任一般是針對他人的。

　　其次，信心具有一定的獨立性，有時候可以說信心完全是自己的事情（當然信心也是來自外界給我們展現的一種安穩可靠的客觀現象，但是它最終體現的是一種強大的心理力量），由此，信心具有更大的主觀性，有時甚至會像意志一樣成為人的一種精神力量，以信心為心理能量來行事。從實踐的角度看，信任雖然也可以看作一種內心的精神力量，但是它更容易受到他人的影響，信任有明顯的互動性特徵，有時甚至是被他人所喚起的（在承諾和契約中）。這也許就是盧曼在《信任、信心與熟悉》一文中提到的信心具有的相對穩定性（Luhmann，1988，pp.103-104），與信任相比，信心可能要容易持存一些。

　　另外，信任與行動的關係更加密切，信任在某種意義上就意味著行動和互動，如果說信心與行動之間有著明確的分界點的話，那麼信任與實踐的分界點就不是那麼明顯，信任有時就是實踐本身，信任與實踐沒有明顯的行動與心理分野，甚至有時候信任就表現在一種實質性的託付行動上，信任不會是靜態地存在著以等待時機為行動服務，信任的同時就是付諸行動、付諸實踐。因此，彼得·什托姆普卡甚至提出，信任是屬於行動論，信心是屬於沉思默想的命定論（什托姆普卡，2005年，第46頁）。教練對一個球員的信任就是讓球員上場負責打某個位置，球員的行為與教練的信任是密切關聯的，而球迷對這個球員的信心則純粹是球迷自己的心理體驗，球員的後續行為與球迷的信心之間是沒有什麼關聯的。

三、信任與信仰

　　信任最古老的一個內涵，是與「信仰」相關（Misztal，1996，p.15）。齊美爾似乎看到信任與信仰的重要相通之處：他說在信任中有某種類似宗教信仰的東西（齊美爾，2002年，第111頁）。

　　在日常語言中，信仰具穩定性、皈依性、神聖性和神祕性。一個今天信仰伊斯蘭教的人不會輕易在明天就信仰基督教，一個人的信仰不會在短時間之內改變，就這一點而言信仰是穩定的。信仰具有精神性，信仰是一種精神皈依，大部分人的信仰沒有明確的特定目的，是一種籠統的精神寄託和皈依，將自己託付給一個超自然的存在，在那裡尋找庇護、精神寄託或者安全感，當人們在信仰中尋找庇護時，就像年幼的孩子依戀父母一樣。信仰帶有神聖性，信仰有痴狂和迷醉的特性，人們信仰的往往是高高在上神聖的存在，以一種仰望的姿勢看待信仰對象。在信仰行為中，信仰者將自己交付給某一個宗教，甚至可以為此犧牲。另外，信仰的對象具有一定的神祕性，是我們所不能完全認知的，在每一種信仰中，信仰追隨者對信仰對象的深究都是忌諱的，因為追隨者的有限性，不可能揣測信仰對象的意圖和安排，也不能夠貿然去揣度。羅馬語「fede（信仰）」一詞本來就隱含著非理性和不可計算、不可預料的含義（Pagden，1988，第129頁）。盧克曼和杜威從宗教實用主義的態度來理解信仰中的這種神祕性。盧克曼在《無形的宗教》一書中是這樣論述宗教信仰的：人們假設這些信仰源自個人與社會面臨著認識上難以應付的實在性的困境（盧克曼，2003年，第35頁）。杜威也說，「信仰」這個字眼本身，在確定性問題上，是引人爭辯的。由於我們缺乏知識，或者不能完全保證，我們才有信仰（杜威，2005年，第18頁）。

　　與信仰相比，信任具有以下特性：弱穩定性、託付性（相對於皈依性）、不確定性（相對於神祕性）、平等性（與神聖性相反）。當我們信任某人的時候，我們的信任就具有一定的穩定性，我們因為信任某人從而會對這個人的各方面都積極看待。但是與信仰相比，這種穩定性又是很容易打破的、弱的，我今天信任你，你要是失信了，我明天就會不信任。同樣，當我們信任某人的時候，我們也會將與自己利益相關的東西甚至自己的性命託付給他，

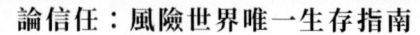

與信仰中的皈依相比，這種託付顯然是有具體內容的，不是籠統的，全身心的。信任與信仰比較相通的地方，就是齊美爾所說的信任中某種類似宗教信仰的東西——對不確定性的處理方式。在信任的情況中，被信任者對信任者而言也是具有不確定性的，被信任者是自由的行為體，因此，紀登斯認為，信任就是一種信仰形式，表現為對某事物的信奉，而不僅僅是一種理解（Giddens，1990，p.27）。信任就是在不確定的情境中建立起一種積極的期待，並以此為基礎來做出自己的行動。然而，對信仰者而言，信仰對象的神祕性就是一種不確定性，我們雖然不能完全知它，但是我們確信它會一直站在我們這邊幫助人們度過生活中一個個的難關，在信仰中，這種不確定性中的確定性透過神學的懸置建立了起來。信任這種不確定性中的確定是如何建立的，我們將在下一章繼續探討。最後，信任的對象是人或者由人組成的機構，信任者與這些對象之間在原則上是平等的關係，這種平等性，在與信仰的對比中顯得比較突出。信仰者與信仰對象之間的關係是仰視的關係，信仰對象是一種高高在上的、不可褻瀆的神聖存在。信任對象則沒有這層神聖的光環，信任對象很多時候是可替換的、可質問的，是與我們平等的，信任是一種互惠性平等關係。這種平等性要求信任是有條件的，而信仰的神聖性宣布了它的無條件性。

四、信任與誠實、真誠和撒謊

在日常語言中，誠實與真誠是人的品德，我們往往用這兩個詞來形容和描述一個人；那麼，信任與這兩個詞是什麼關係呢？誠實和真誠是信任的內在要求。很多時候，我們不直接談信任問題，而是談誠實與真誠問題，沒有誠實和真誠，信任就成了無本之源，信任會失去重要的支撐。

哈伯馬斯從語用學的角度區分了誠實和真誠。誠實主要側重於真實性，言語者如實道出自己所知的相關事實，不得對他人有所隱瞞；真誠主要側重於表達態度的真誠性，言語者道出自己心中的真正意圖和想法（哈伯馬斯，1989年，第3頁）。陳緒新認為，誠實作為人的一種美德，雖然與信任沒有直接的聯繫，講真話不會直接喚起信任，但講真話更容易讓人相信。誠實美德和「講真話」的義務，只是一種處於潛在狀態的道德情感（陳緒新，2006

年，第 21 頁）。哈伯馬斯則認為真誠與信任的關係更加密切，真誠地表達自己的想法和意圖，是為了讓聽者信任自己。確實，真誠作為人的品德，是一種積極的努力，這種努力就是為了博得他人的信任，而誠實則是一種潛在的為信任奠基的品質。其實，真誠和誠實都可以用講真話來概括，一方面反映了一種事實性的真，另一方面反映了一種意圖和想法的真。

如果我們注意到與真誠、誠實相反的一個詞語——撒謊，信任與真誠、誠實之間的關係就更加明確了，我們會發現它們有著共同的前提。薩特認為，說謊是一種超越性的行為，它設定我的存在，別人的存在，我的為他的存在和別人的為我的存在。於是，設想說謊者應該完全清醒地謀劃謊言，以及他應該對謊言和被他篡改了的真情有完全的理解，應該是沒有任何困難的。只要不透明性從原則上向別人掩蓋他的意圖就夠了，只須他人能把謊言看作真情就夠了。透過說謊，意識肯定了意識的存在。從根本上講，撒謊運用了我和他人之間這種本體論的二元性（薩特，2003 年，第 120 頁）。薩特很清楚地看到了說謊的前提：我和他人之間的本體論二元性和一種主體間的半透明性。而這也正是信任產生的前提。撒謊和信任雖然是相反的，但是兩者在本質上相通——主體間半透明性，它是信任和撒謊存在的前提。真誠和誠實是透過主動的開放消解了這種本質上的半透明性，而撒謊則是故意維持這種半透明性。另外，正如薩特提到的「透過說謊，意識肯定了意識的存在」，透過信任，意識也肯定了意識的存在。撒謊肯定的是虛假的、不真誠的意識，而信任肯定的是真誠的意識。

從人們對撒謊的思考中，我們看到隨誠實和真誠而來的信任給生活帶來的便利。尼采在《人性的，太人性的》一書中有一條關於謊言的論述：為什麼日常生活中的人絕大多數都說真話？首先是因為這樣比較方便，因為謊言要求能編造，能裝模作樣，並有好的記憶力（因而斯威夫特說，說謊者很少明白他背起的沉重負擔，因為為了維持一個謊言，他必須再編造 20 個謊言）。然後是因為在簡單的關係中，直接說我要這、我做了那，以及諸如此類的事情有好處。也就是說你不得不誠實，這樣做你能建立威信，比狡詐的方法更可靠。誠實和真誠只是為了圖便利，說謊話太費神，而說真話以後可以建立起威信（或者是信任），從而使關係變得簡單（尼采，2005 年，第 57 頁）。

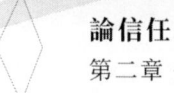

論信任：風險世界唯一生存指南
第二章 什麼是信任

尼采認為「不許撒謊」是為了讓我們的生活變得簡單，如果人人都撒謊，那麼我們的生活會非常艱難，正如尼采所說，我們要不停地編造謊言和識破謊言，在猜忌和謀劃中度日。在鮑克的專著《撒謊——公從場合和私人生活中的道德選擇》一書中，她設定一個思想實驗：在一個講真話將不再是慣例的世界，生活將會是什麼樣？在這個世界，你將不會相信任何你被告知的事情，或者任何你讀到的東西。你必須要親自去查明每一件事。你將會投入大量的時間來查明最簡單的事情。事實上你可能根本不能查明任何事情。在一個沒有信任的社會裡，你將不可能接受用於支持你親自查明事實的教育。經過片刻的這種反思，以下事實將會很明顯了：我們受益於一個大量信任存在的社會。在這個世界裡說真話是普遍的行為。生活中我們想做的所有重要的事，因為有了普遍的信任才可能實施。按照鮑克的理解，普遍存在的謊言讓我們不能過正常的生活，因為我們要花大量的時間弄清楚很瑣碎細小的事情，我們要親力親為。

五、信任與信用

一般形態的信用是泛指一切與約定、承諾、契約、誓言等有關的社會倫理關係及其相應的規範要求和品行，日常語言中的「講信用」就是這個意思。「講信用」包括了上面提到的遵守諾言和約定的品質。「講信用」就是涉及承諾與踐約的倫理和法律（契約）關係、道德意識和行為的品質以及由此獲得的置信度。「信用」原初的、最基本的含義具有明顯的倫理道德涵義，經濟學和管理學中的運用是對倫理含義的豐富與發展。

狹義的信用主要是一個經濟學與管理學的概念，很多工具書也多從經濟的視角來闡釋信用，例如《韋伯斯特新世界法律辭典》就把信用解釋為：發生在不直接兌付的買賣活動中，以債權人對債務人還款能力和承諾的信任為基礎，提前實現某種商品所有權的轉移。經濟領域是信用最活躍的場所。市場經濟的交易性所衍生出的各種信用形式及信用工具（如信用卡等）的廣泛使用，強化了人們對經濟信用的感受與體驗。信用已成為市場和制度的基礎和稟性，現代社會的信用體系就是借助市場和制度建立起來的。經濟學家把

信用看作一種「社會資本／資源」，把它當成影響經濟效率的重要函數。這一觀點甚至影響到了社會學家。

　　由經濟學派闡釋的信用的另一層含義與信譽相似，指的是一種客觀的可供參考的紀錄指標，這是一種客觀化和抽象化的置信度。此時，信用是信任的一個指標。信用額度、信用卡等是以一種紀錄的方式出現，作為信任的參考值，在這個意義上，信用是與信譽等同的。與上文的「講信用」相比，信用更具有普遍性和客觀性以及可量度性（「講信用」更多的指行為表現出的特性是具體的、可感的）。與這層含義相關的詞彙有信用體系、信用額度和信用卡等。在這個意義上，信用作為一種無形資本的意義就突顯出來了。良好的信用紀錄，可以為個人或者組織帶來更多的機會和財富，是個人在社會中的通行證。它與信譽又有所不同，比信譽更具有普遍性，也具有更寬廣的社會接納範圍。

　　那麼，信任與信用的關係到底如何？

　　一方面，無論是「講信用」意義上的信用，還是客觀化抽象化的信用都是信任的資源。信用作為一個重要的可信性考量指標，對信任來說有積極的促成作用，為信任提供了一個航標，避免了信任的盲目性。在日常生活中，「不講信用」和「信用缺失」的後果就是不被信任。

　　另一方面，信任又是信用的價值實現之根本。如果沒有信任，信用僅僅只是一種道德品質或道德情感。一個人講信用就是為了博得別人的信任。一個人總是忠誠地堅守自己的承諾，他就向他人或社會表現了自己的信用之舉，這只是為信任關係提供了一種可能，或者說，「只是發出信任的『邀請函』」（陳緒新，2006年，第29-30頁）。信用是一種互動策略，一個人講信用的行為和保持良好的信用紀錄，都是為了博得他人的信任並進而與之合作。沒有信任者的積極信任和託付，信用的價值就無法實現。「一個人誠實的美德、言語的坦率和真誠、對諾言的忠誠信守如果得不到受諾者的積極回應，得不到受諾者的信任，那麼對於允諾者——他們既可以是一個具體的人，也可以是一個具有獨立人格的團體或法人如企業組織，還可以是一項法律制度以及它的制定者（立法系統）、執行者（政府系統）、裁定者（司法系統）以及

它們背後以智囊角色出現的專家知識系統——來說，永遠都只是他的一場獨白」（陳緒新，2006年，第29-30頁）。

六、信任與承諾、契約

　　誠實是信任發生的潛在基礎，而承諾和契約，與真誠一樣，則是向信任的實質性推進。當誠實走出它的自在狀態，變成言語者的行為自覺，即變成自為地存在著的狀態，這就進入到了允諾以及對諾言的承兌層面或領域（陳緒新，2006年，第21頁）。那麼什麼是承諾和契約呢？

　　休謨在《人性論》中談道：承諾既不是決心，也不是慾望和意志，承諾是某種形式的話語，我們將自己的行為實施與這類話語聯繫起來，一個不知道有社會的人永遠不會與他人訂約，允諾是以社會的需要和利益為基礎的人類發明。他還認為，承諾是人類社會的和平與安全要遵循的一條法則，承諾作為一條法則雖然會對人的行為產生一定的約束，但是，它是滿足人類情感的一種更為巧妙、更為精細的方法（休謨，1996年，第566-559頁）。斯坎倫（Scanlon）認為承諾是這樣一種行為：我聲稱有某種意圖，我做出這種明確的聲稱是為了讓你相信我有這個意圖，最終，我向你表明我相信並且認真對待我的聲稱。如果不按照我自己說的做，就將是不對的。「我承諾」的表達功能相當於「信任我」（Scanlon，1998，P.307）。

　　契約則在承諾的基礎上更進一步，盧曼認為，「由各方宣稱的意願而達成契約的法律形式，使得信任的原則以法律形式的技術性重製成了必需。這樣，契約就變得太獨立，以至於信任既不能作為一種事實條件，也不能作為契約有效性的基礎發揮作用。如果契約被信任，那麼這是必需的，契約的執行與下題無關：誰——如果有人的話——實際上在信任誰」（Luhmann，1979，p.34）。

　　貝爾提到，承諾與契約的魅力在於其明確性（Baier，1986，p.250）。這種明確性是一種積極主動行動的結果。黑格爾曾提道：「我的話必須算數，不是因為我應該跟自己保持一致，也不是因為我不能改變自己的內在感情或者內在信念（我能改變這些），而是因為我的意志僅僅以被認可（承認）的

形式存在。」、「事實上,當我們認可意志的時候,就意味著對時間和存在的漠不關心」(Hegel,1983,pp.124-127)。這種認可就是一種積極實踐行動的結果,這種認可就是由契約和承諾喚起的信任。

另外,無論是承諾還是契約的締結,行為當事人都是自知的,是行為者自願的選擇。因此,承諾和契約就是人們自覺意識的產物,是自願約定的社會關係。阿倫特從行動的角度對承諾、契約中所包含的自由意志做了深入探討。她認為,行動的最大特徵是不可逆性以及不可預見性。對於行動這一困境的救贖就在於個體的自由意志,而這種自由意志也就是蘊含在行動本身中的潛能。對不可預見性的救贖(由於未來的不確定性)包含在許諾與履行諾言中。以諾言的方式束縛自己有助於在不確定(就定義而言指未來)的汪洋大海中建造安全的島嶼。

她將允諾當作人的本能,而這種本能取決於人的多樣性,取決於他人的參與和行動,單獨一人或孤立產生的許諾在現實中無法存在,它意味著在自我面前扮演的一種角色。許諾的作用在於控制人類事務的這一雙重負面後果,這樣,它便成了唯一能夠替代一種以自我控制為基礎並能統治他人的控制能力的力量;因此,允諾與自由的存在高度一致。合約與契約把人類事務的不可預見性及人的不可靠性原封不動地保留下來,把這一不可預見性和不可靠性僅僅作為一種仲介(可以這樣說),從中浮現一些預見性的島嶼,並在這一島嶼上建立起一些令人信服的航行路標(阿倫特,1999年,第235頁)。承諾和契約作為一種自覺的行動,是人對自我自由意志的運用和約束。

契約與承諾的區別在於:契約一般客觀地包括了契約的遵守,契約作為一種正式的、帶有法律性質的約定是受到法律保障的,而承諾則僅僅是停留在道德的義務層面上。正如盧曼說的,契約一般是不關心「誰」的個體性,契約是一種普遍的理性精神的體現,承諾則與承諾者的信用密切相關。

貝爾認為,契約和承諾涉及對信任的發展和信任的精密化,是信任的自覺形式(Baier,1986,p.250)。或者像盧曼說的是「一種信任原則的技術性重製」(Luhmann,1979,p.34)。契約與承諾成了獨立的存在,具有了某種實在性,使得信任以一種實在化的方式存在。信任不再是信任者的一

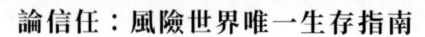

論信任：風險世界唯一生存指南
第二章 什麼是信任

種自然的熟悉和瞭解，信任也不僅僅是被動地在信任者的層面展開，而是讓信任有了一個「推動器」。這個推動器主動地在喚起信任，給了信任一種實在性，在信任被違背的時候，信任者不僅僅是責怪自己輕信，而是可以訴諸對承諾者和締約者背信棄義的道德譴責和法律懲戒，正如費希特在論證承諾和契約的不可違背性中談到的：「在我促使別人期待的事情方面，我不再能單靠我自己，也得同時依靠別人。我在這件事情上是為別人服務的；我不能撤回我的諾言，除非阻撓別人希望按我的諾言做出的那些行為，因為會破壞別人在感性世界中的因果作用。我向別人說出我的想法，是為了使他能信賴我的諾言；只有他抱善良意志信賴我的諾言，我才實現了這一諾言。在這個時候，他也對我有所回報」（費希特，1995年，第287頁）。

另外，踐約和承諾作為德行，是跟他人密切相關，甚至是為了和他人共同存在而發展起來的德行。承諾和許諾的效力最終歸結為信任的達成，承諾和許諾的存在價值也是博取他人的信任，為自己的行動提供一個得到他人認可和配合的可能。在西方，「踐約」和「承諾」幾乎有著和正義同等重要的地位。在康德和休謨的道德哲學中表現得很明顯。康德在其《道德形而上學原理》中講到，雖然我願意說謊，但我卻不願讓說謊變成一條普遍的規律，因為按照這條規律也就不可能做任何諾言。既然人們不相信保證，我對自己將來的行為，無論做什麼保證都是無用的。即或他們輕信了這種保證，也會用同樣的方式回報於我。這樣看來，如若我們將自己的準則變成普遍規律，那麼它也就毀滅自身（康德，1985年，第53頁）。他以他的普遍理性論證了允諾兌現的合理性。其實，一項承諾的約束力在於，如果不遵守它，它就是一個以最莊重形式宣告的蓄意的謊言。承諾和契約以一種積極自願的形式喚起對方信任的合作意圖，這種故意喚起信任的行為使得信任關係更加實在化，信任有了明確的航標，違背承諾和契約就成了一種蓄意的欺騙，與信任者自然展開的信任而導致的失望相比，這種蓄意的欺騙具有更大的可追溯性，不管是道德上，還是法律上。對於信任而言，承諾和契約是對信任的發展，讓信任以一種自覺的形式存在。

七、信任與信託

在正常情況下，信託行為一定伴隨著明顯的決定過程。當我們認為其他人能更好地保護那些事物或者使它們興盛時，我們會將某些事物託付給其他人保管，當決定將屬於自己的某物交給其他人保管時，我們是以先前的信任作為基礎的。因此，信託可以稱為是一個策略決定，它在邏輯上是由信任推進的，而信任本身則不全然是決定。可見，最初自然的信託行為與信任有密切關係，信託行為是基於對受託人的信任產生的。信託與信任的這一密切關係在很多法律思想中有明顯的體現，在信託關係中，信任因素一直為學者所強調。在亨利八世時，有人提出要成為信託需要兩樣因素，即信任和當事人的相互關係（小奧利弗 & 溫德爾 & 霍姆斯，2006年，第362頁）；在定義信託時，很多人更是將其定位於信任關係，認為信託是一種信任關係或關於特定財產的信任關係。信託不是信任，但是內在有信任的成分，它是精緻化的信任行為，是一種明確的託付行為，要有明確的標的物，而信任則可以沒有明確的標的。

信託作為專門的法律術語，具有它獨特的意義，但是也是從信任的一般含義衍生出來的。《中華人民共和國信託法》第二條規定：本法所稱信託，是指委託人基於對受託人的信任，將其財產權委託給受託人，由受託人按委託人的意願以自己的名義，為受益人的利益或者特定目的，進行管理或處分的行為。

隨著信託作為一種經濟和法律行為走向成熟，它並非總是以對受託人一定程度的信任為基礎。信託在某種程度上是以制度和法律作為保障，對制度的信任取代了一種原始的、自然的對人的信任關係，很多法學家提出廢除信任作為信託關係的基本要素。其實，雖然信託日益以成熟的制度和法律為其基礎，但是信託仍然是信任關係的衍生，只不過這種信任關係從一種自然的信任發展到了一種客觀制度的信任。因此，信託仍是信任的一種具體形式，其根本的要素仍然是信任，從對特定人的信任，轉向了對客觀制度的信任。

第二節 學術界關於信任的各種理解

對信任的研究都避不開何為信任的問題，雖然很多研究者沒有明確提到這個問題，但是在他們的研究中，都有他們自己對信任的理解。在這一節中我們主要梳理目前學術界對信任的各種理解。以西方為主流的研究對信任的理解大體上分為三種：信任作為一種心理狀態，信任作為一種行為方式，信任作為行動。此外，還有中國傳統文化中對信任的理解，雖然與西方對信任的理解風格完全不同，但也是一種對信任理解的獨到方式，不可忽略。

一、心理狀態說

一些學者將信任看作明確的，可以說明的心理狀態，他們一般用期待來形容這種心理狀態。在當前對信任的研究中，很多學者持有這樣的觀點，這可能與信任研究的開創性學科——心理學有關。戈薇爾認為，信任是一種建立在對他人可能會做什麼的信念和期待上的態度，當我們信任他人，我們希望他們以一種對我們有幫助的、至少是沒有害的方式行事（Govier，1992，p.17）。魯索（Rousseau）和她的同事們也提供了一個受到廣泛支持的定義：信任是一種心理狀態，這種心理狀態包括了接受脆弱性的意圖，而這裡的脆弱性是以對他人的行為和意圖的積極期待為基礎的（Rousseau，1998，p.395）。從這兩個定義中，我們可以看出，戈薇爾和魯索都將信任看成是信任者期待的心理狀態，而且這種期待的心理是以對他人善良意志的認可為基礎的。

將信任看作心理期待的學者還有很多。巴伯就將信任定義為「行動者對彼此的期待」（Barber，1983，p.9），他根據期待的對象將信任分為三種：第一種預期是對社會秩序和自然秩序持續性的期待；第二種預期是相信和信賴與我們共處於社會關係和社會體制中的那些人有技術能力勝任其角色行為，例如，「我相信我的醫生能做好這個手術」、「我相信選民能夠做出他們的選擇」；第三種預期是行動者相信在社會交往中相互作用的另一方會履行其信用義務和責任，例如，國際關係中的託管制度。加芬克（Garfinkel）將巴伯關注的信任擴展到了一般性的期待，即對個體行為的一致性和日常生

活中互動的穩定性的期待（Garfinkel，1963，pp.187-238）。與戈薇爾和魯索她們不同，巴伯和加芬克的期待說不考慮他人的善良意志。

期待作為一種有著未來傾向的心理狀態，有主觀性傾向和客觀性傾向兩種表現形式。當期待的客觀性傾向突出時，就是一種理性的預期和預測，用機率來描述。在以期待為主導的心理狀態說中，有很多學者將信任看作對一個人的性格或者是可能的行為的理性信念（Dasgupta，1988；Gambetta，1988；Hardin，1996）。這時信任就具有了很強的認知特性。但是，在期待說中，很多學者反對強認知傾向，強調信任所包含的感性甚至是意志的心理狀態：比如慾望、情感等。他們認為信任不是分析已有的資訊從而獲得將會發生什麼的期待，它是以某種捲入其中的方式看待和理解資訊，這種捲入是與被信任者的互動捲入，這種捲入就有情感投入，以及責任的產生。在某種程度上，是信任決定了相信什麼。恩德比較了兩種期待：一個母親請鄰居到自己家幫助照看小孩，一個盜賊則企圖乘機盜竊鄰居的家。母親對鄰居會照看小孩的期待，與盜賊對鄰居會照看小孩的期待（乘機盜竊鄰居的家）顯然是不同的，後者不是信任，而僅僅是因果性的推理預期。盜賊僅僅是將「鄰居不在家」看作實現他個人目的條件，與其他任何受自然規律控制的事件沒有不同（Bernd，2001，pp.171-189）。他認為，盜賊對鄰居的期待不是信任，而僅僅是因果性的推理預期性認識。

以期待為導向的心理狀態說雖然有很多分歧和差異，但是他們都強調了信任作為心理狀態的內涵。把信任看作心理期待確實道出了信任的某些真諦。期待根本上是面對未來的態度。心理期待說指出了信任最大的一個特性：未來指向。信任的形成和鞏固與未來視域有關，這是一種嘗試，設想未來但並非實現未來的現在（盧曼，2005年，第17頁）。

二、行為方式說

有些學者認為不能用心理狀態去描述信任，理由是我們不知道當信任者信任的時候，他心裡到底發生了什麼。而且，當我們信任的時候，我們明確意識到我們的期待了嗎？這種觀點認為，信任只是從第三人稱視角觀察到的信任者的行為模式。我們把這種對信任的理解稱為行為方式說。他們

論信任：風險世界唯一生存指南
第二章 什麼是信任

把信任看成對待一種互動情境的方式，認為我們不應該定義信任是什麼，而是要弄清楚我們在什麼情況下使用信任這一詞語，以及我們用它來幹什麼（Lagerspetz，1998，p.4）。「信任是一種特殊的觀察某種情景的方式」（Lagerspetz，1998，p.45）。第三人稱視角對信任的理解，表達了我們以信以為真的東西為基礎行事。它揭示出，行為者所處情境是不確定的，但行為者本人的行動卻顯示出某種確定性——一種甚至不能察覺的確定性。這種確定性也可以表述為不設防或者對其他可能發生的情況的忽略和不注意（Polanyi M，1961，第461頁）。當我們信任時，我們是從任何信任的東西出發（不管它是什麼），它不是我們有意識地關注的，也不是我們所懷疑的。很多人給描述性信任貼上「默會」的標籤，一旦我們開始懷疑，默會被打破，我們就不是從某點出發（attend from）而是關注了某點（attend to）（Polanyi M，1961，第465頁）。但是，這種「默會」是可以從第一人稱的角度反思，從而意識到的。而大部分的反思都是出現在信任出了問題以後。只有當某事或者某人辜負了我們的信任，我們才能察覺到，我信任過。

因此，信任僅僅存在於我們的行為和反應中。在現在進行時態中，它僅僅是我們的行為和我們行為法從（act from）的關聯。例如：當我輕鬆自如地在人行道上行走之時，我的行為很明顯表達了一種對其他行人不會傷害我的信任；而在戰亂時期，我很小心謹慎地在街道上行走，我心裡七上八下，揣測著是不是會中彈，或者遇到爆炸，我的這種心理盤算則表明了我對周圍社會環境的不信任。當我將孩子交給我的父母照顧時，我通常不會考慮他們是否會虐待孩子，只是很自然地將孩子送到父母家。而當我將孩子交給保姆照顧時，我則要多方考察保姆的從業經歷，謹慎決定僱傭哪個保姆比較合適。前者以一種想當然的自然而然的行為表明了我對父母的信任。而後者則以一種謹慎小心和做出決定的方式表明了一種不信任。信任是我們的存在性狀態，是一種行為方式，而不是一種需要操心和謀劃或者辯護的行為。

在行為方式說中，有些學者認為，即便是一種想當然的信任，也是有一定的心理狀態存在，這種觀點偏向於弱心理狀態。這些學者將信任描述為這樣一種現象，即一個人在與他人打交道時的不設防、不深思熟慮的算計、不操心的現象。信任者在信任他人的時候，是自我對他人的開放和自我向他人

自願地展示一種脆弱性。信任作為一種行事方式出現在信任者的行為中，但理性思維中則沒有特別的狀態，只是行事方式表現出一種安然無憂的風格。就像上文中講到的例子，對信任者而言，就是一種安然放心的行事方式。而這種安然無憂恰恰就是一種典型的心理狀態。

其實對於信任的這一情緒性（或者感覺性）心理特徵，很多學者也都討論過。紀登斯在《現代性的後果》中，將信任與焦慮作為一對對立的概念（紀登斯，2000年，第87頁），因為焦慮作為一種情緒和感覺，具有明顯的心理特徵，所以在這個意義上，紀登斯也將信任看成了一種情緒和感覺。貝爾也認為，信任有著它獨特的感覺，當它缺失的時候很容易被人感覺到，當一個人從一個友善安全的社區搬到一個不安全的社區時，信任的獨特感覺就會顯現（Baier，1994，p.132）。布朗克（Blank）也將信任與焦慮看成兩個對立的範疇，他是從宏觀文化的角度考察的，「對焦慮缺場的感知就是信任」（Blank，2012，p.272）。貝克爾認為，「信任是一種安全感」（Becker，1996，p.46）。對於信任與安全感之間的關係，艾瑞克森的發展心理學中「基本信任」的概念表達得很明確，紀登斯的本體性安全概念也將其體現了出來。

照此來看，弱心理狀態說認為，信任是在與他人打交道時的一種感覺，一種愛、放鬆、心安的感覺，這種感覺與焦慮和謹慎戒備的心理對立，信任傳達美好輕鬆的感覺是我們喜歡的。

此外，完全從行為主義的角度看信任，排除信任在心理上的呈現遭到一些學者的反對。他們認為行為方式說對心理狀態說的反駁，其實只是否定了信任是一種深思熟慮的籌劃的心理認知過程和明顯意識到的期待信念。而且對於期待信念的反駁也只是侷限在一種想當然的信任模式中，其實在很多其他的信任模式中，期待是可以被察覺到的，也是明確的，比如我們第一節中提到的允諾和契約。

三、行動說

彼得·什托姆普卡對信任與信心和希望的區分，表明了他將信任看作行動。當我們把信任僅僅看成是一種心理期待的時候，停留在心理層面的狹隘

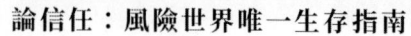

論信任：風險世界唯一生存指南
第二章 什麼是信任

意義上的信任與信心和希望就無異了。彼得・什托姆普卡認為，希望（或它的反面：放棄），即相信事情將會是好的（或是不好的）——這是一種消極的、茫然的、不是理性地證明有充足理由的感覺。波文斯（Bovens）也認為，希望有著某種「心理想像」（Bovens，1999，p.674）的成分在裡面。例如：我希望將來會富有，或我對制止通貨膨脹已不抱任何希望。同時，彼得・什托姆普卡借用巴巴萊特的陳述，「信心可以被描述為一種有把握的預期的情感」（Barbalet，1996，p.76），它的反面是懷疑，即相信某些好的事情將會發生（或不發生）——這仍然是一種消極的，但是更集中的，能部分地證明為正當的信念。例如：閱讀犯罪事件的報告，我有信心在這個案件中，法庭會給出公正的裁決（因為以前已經證明它是公正的）。或者，我懷疑降低稅率的競選諾言（因為我還沒有聽說過哪一個政黨在贏得選舉後會降低稅率）。在有信心和希望的情況下，一個人不是積極參與，而是消極地沉思地觀察情景，他有可能對他人、政權、體制、宣傳機構、誤傳的資訊、假證件等產生失望。希望和信心是沉思的、分離的、遠距離的、不承擔責任的。它們屬於命運論，指的是那些在沒有我們積極參與的情況下發生的事情，以及我們只在思想中考慮的事件（彼得・什托姆普卡，2005年，第46頁）。彼得・什托姆普卡認為信任則超出了「等待和觀望」，當我們信任的時候，我們已經「積極地參與面對未來的未知」（彼得・什托姆普卡，2005年，第48頁）。他還曾多次提到，信任存在僅有預期的信心是不夠的，信任不是沉思默想未來的可能性，信任包含行動、承擔責任。

除了彼得・什托姆普卡之外，齊美爾、盧曼以及紀登斯對信任的討論也都是與行動聯繫在一起的，信任對信任者或者被信任者的行動（這裡的行動也可以是一種思維行動，比如對他人的信任導致某個信念的形成）有直接影響，或者說兩者之間有直接的因果性，而不僅僅是形成一個惰性的信心或者期待。信任並非單純是一種心理狀態，而是與具有實在性的行動直接地聯繫在一起。

齊美爾在《貨幣哲學》中，雖然強調了信任的準宗教信仰的心理基礎，但是他開創性地提出了這種類似宗教信仰的心理力量是預先假設的，它已經

第二節 學術界關於信任的各種理解

透過雙方的信任在貨幣交易中產生了實際的結果（齊美爾，2002 年，第 111-112 頁）。齊美爾的簡短論述暗含著信任對現實性行動的實質影響。

盧曼雖然也將信任描述為一種為了減少複雜性的理性預期（盧曼，2005 年，第 3 頁），但他又指出，並非所有這種性質的期望都包含信任，只有那些與行為有關的期望才包含信任。去信任就是去生活，去行動。信任的重要之處正在於，它是一種社會關係、社會行為，它遠遠超出了心靈哲學和心理學的討論範圍。行動說，將信任看成一種行動和實踐，而不僅僅停留在心理層面討論什麼是信任。盧曼曾經提示我們信任作為具有行為標的的心理狀態的特殊性，揭示出信任與行動的密切關聯。「當相關期待會使我們做出的決定有所不同，信任才會涉及進來，否則我們所擁有的只是希望……只有當充滿信任的期望對於一個決定事實上產生影響時，信任才算數」（盧曼，2005 年，第 24、31-32 頁）。盧曼這裡說的決定是關於行為的決定，也就是指出了信任影響信任者的行為。我們對信任的討論是與行動聯繫在一起的，也就是指信任對於信任者或被信任者的行動有所影響，而不僅僅是將它看成是與實踐沒有現實性關聯的信心或者希望，他認為這樣的信任是我們要討論的有意義的信任。

紀登斯對信任中信心（confidence）與依賴（reliability）內涵的強調也暗示了信任是一種行動。「我相信你還不錯」、「我相信張三會那樣做」等表述中，信任的用法沒有涉及信任的社會關係，他們與信任永駐之系統無關，而只是有關他人行為的標誌，其所涉及的個人沒有被要求展示出包含在信任的更深層次意義中的「依賴（reliability）」（紀登斯，2000 年，第 26 頁）。信任有意義的、吸引人的地方正在於由信任而來的依靠和信賴。這種依靠和信賴就反應在信任者的思維和行動對他人的需要上，受他人的影響。像「我相信你還不錯」等有關他人行為標誌的句子，是具有情感關聯的修辭表達，或者是無意義的閒談。對於信任者的行動和思維沒有任何影響。

總之，行動論認為，在信任的情況下，信任者是在期待，但是這種期待是直接現實地指向一種行動。以信任為導向的期待直接、現實地影響著我們

的行動，有時候甚至分不清期待和行動，他們認為，相對於期待而言，行動對於理解信任具有更加貼切的意義。

四、傳統文化背景中的「誠」與「信」

中國傳統文化中涉及信任的話題，都集中在「誠」和「信」這兩個範疇的談論中，所以，中國傳統文化對信任的理解都蘊含在對「誠」和「信」的闡發中。這裡的「誠」和「信」可以上升到本體論和存在論的高度，並不侷限於主體間的社會交往意義。

「誠」和「信」起初總是單獨使用：

①「誠」最早出現在《尚書》中，是人們篤信鬼神的恭敬、虔誠的心理。「誠」的觀念就源於這種對神靈的敬畏和信任。《中庸》在第20至26章和32章中對「誠」做過集中的論述，「誠者，天之道也；誠之者，人之道也」，於是，「誠」具有了本體的屬性和特徵。在傳統儒學中，「誠」並不直接表述人人原則，而首先是人己原則，「誠」的闡發是反求諸己的過程。這個時候「誠」就具有了價值觀和人生觀的意義，「誠」是對人生真諦的尋求和保持。而將「誠」正式作為一個「德目」，從人倫、社會乃至各個方面進行詳盡闡釋的還是儒家學者。朱熹（《朱子語類》）對《中庸》篇中的「誠之者，人之道也」，做了如下注釋：「誠之者，未能真實無妄而欲其真實無妄之謂，人事之當然也。」他還進一步解釋道：「誠者何？不自欺不妄之謂也」、「誠者，合內外之道，便是表裡如一。」管子在《管子・乘馬》中進一步強調了「誠」的價值：「非誠賈不得食於賈，非誠工不得食於工，非誠農不得食於農，非信士不得立於朝。」他認為，沒有「誠」的品德，人在社會上是行不通的，不能交友，不能從商，不能從政。

②「信」，在《論語》中直接論述「信」的言論多達35次，在地位和詞的用量上僅次於「仁」、「禮」。就「信」字的本意而言，「從人從言」，指一個人忠實地履行所說的話和許下的諾言、誓言。《春秋》：「言之所以為言者，信也。」揚雄在《法言・重黎》篇中也有：「或問信，曰：不食其言。」

管仲將「誠」和「信」第一次連用後（「先王貴誠信，誠信者，天下之結也。」《管子‧樞言》），「誠信」就有了誠實無欺、言行一致、遵守諾言的含義。

　　中國傳統文化中的「誠」和「信」內涵很豐富，它們承載了人倫、宇宙秩序、個體本性和價值。與我們今天所談的信任相比，具有更加豐富的內涵。當「誠」、「信」兩個德目同時聚焦於人，他們強調更多的是人的內在修為，是內求性，它們都是對人的本性和存在（生存）的真實性的價值肯定。中國傳統社會中人無信則不立，將誠信上升到了個體在社會中存在的合法性高度。可見，中國傳統社會對「誠」和「信」的理解都是從修為的角度講，而我們今天對信任的討論，都是從信任者的心理和行為的角度入手。

第三節　對信任的初步界定

　　在我們看來，信任是這樣一種行動：如果 A 信任 B，那麼在一段時間內，A 在事實或法律上把與自己利益攸關的事物 X 託付於（或轉讓給）B 的監管或自由支配之下，或者使 B 處在擁有這些權力的情境之中；同時，A 期待 B 能夠根據 A 的利益看管好 X，且有適當看管好 X 的必要能力，而不會做出損害 A 利益的事情。但是 A 很難在事先防範 B 草率使用、支配 X 的自由決定權，乃至 B 的失信，至多只能在事後予以懲戒。我們主要從三個方面掌握這個分析性概念的內涵：「信任是一種行動」、「信任伴隨著託付」和「不確定性的處境」。

一、信任是一種行動

　　根據這個定義，我們將信任看成一種行動，這與上文的行動論有相似之處。雖然許多人將信任列為心理狀態的範疇，將信任的研究囿於心靈哲學和心理學，但是，直覺告訴我們信任更像是一個社會學的概念，是一個互動關係的實踐範疇，將信任理解為一種行動更合適。

　　從行動哲學的角度看，行動總是和心理狀態有著一定的關聯。人的實踐和行動其實都是源於人的精神力量，所有的心理狀態都是與人的實踐和行動相關，心理的因素是行動和實踐的主要啟動機制。人之所以有行動，就是因

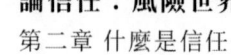

為人有著特殊的內在過程或狀態，不妨稱之為心理或意向狀態（高新民，2002年，第5頁）。但是心理與行動又有著分野，心理因素作為一種精神的存在，抽象地看，單純的心理狀態對外部的存在沒有發生實質的影響。判定「信任」是否是一種行動，主要看信任與行動之間的關係。如果信任是一種單純的心理狀態，那麼它與行動之間的關係是偶然的、潛在的，反之，如果信任是一種行動，那麼它與行動的關係就是必然的、現實的，兩者具有同一性。例如，意圖與行動之間的關係就是偶然的、潛在的，有意圖不一定必然導致行動。我想去英國不代表我一定會採取行動。我打算開一家餐館，作為一種計畫與行動之間沒有現實的因果關係，只有行動實施才使得這一因果關係現實化。那麼信任與隨之而來的行動之間是否是這樣一種關係呢？還是有著一種牢牢的同一性？信任是否就包含了現實化的實踐含義？當我們信任某人的時候，我們是只有停留在心理狀態的期待，或者是一種安全無憂的心態，還是信任必定會對我們的行動產生了現實化的影響？例如，我信任我的妻子，這種信任就會伴隨在我與她交往的行為中，我不會去防範她有外遇，我會把金融卡交給她。我對她的信任是一定伴隨著託付行為或者故意的放任行為，而不僅僅是對她有著某種期待或者是一種消極懈怠的放心。

如果僅僅將信任理解為心理狀態，那麼它就與其他作為主觀性期待的心理狀態無異了——信心和希望，而我們上文的概念區分中也明確提到了信任與這兩個概念的主要區別，就是信任與行動之間的同一性關係。雖然，信心和希望對於行動來說有著相當積極的意義，但是信心、希望與行動之間沒有一種現實性的聯繫。當我們抱有希望和信心的時候，對我們的行動會有所影響，但是這種影響可以是遠端的、間接的、不那麼牢靠的。而且當我們抱有希望和信心的時候，相應的行為標的是模糊不清的。比如，我對自己的未來充滿了希望（信心），這個時候希望僅僅是一種態度，這種態度引起的行為是非常模糊不清的。又如，我對國家的未來充滿了希望和信心。這種心理正能量只會籠統地影響我的行為，但是對於我具體行為的影響是含糊不清的。然而，信任對行動而言，並不僅僅是一種影響，而是跟行動同步的、統一的。信任必然與某種具體行為有著現實性的關聯。在這個意義上，我們可以說信任就是一種行動，信任在行動中實現。當我們說信任一個人的時候，不僅僅

指我對你的某種看法和認識,也不僅僅是我對你的一種態度(考慮到態度對行動的影響),而是我與你之間現實化的交往。

其實,信任與行動之間的關係很複雜,涉及人類事務的不確定性本質。在此,我們是從概念分析的角度理解信任,僅僅闡述了信任與行動之間關係的一個層面:信任在行動中實現。另一層含義是「行動在信任中產生」,在上一節中,盧曼和彼得·什托姆普卡對「信任」的理解更看重這一層含義——信任對行動的促進意義。在「信任的本體論地位」和「信任是社會的一種基本價值」兩章中,我們也將具體論述信任與行動之間關係的這層含義。

二、信任伴隨著託付

「A 在事實或法律上把與自己利益攸關的事物 X 託付於(或轉讓給)B 的監管或自由支配之下,或者使 B 處在擁有這些權力的情境之中」,由此,「託付」是信任的一個重要內涵。

在社會行動者之間的關係中,託付是普遍存在的現象。首先,託付是指向他人的;其次,託付關係意味著自主性、自願性,所以,信任關係是以自由的個體為前提的;最後,託付意味著託付者自主的讓渡權利或者利益,而這種讓渡是為了讓自己的利益得到更好的維護和發展。

託付蘊含了個體對他人的依賴。在我們對信任日常用法的分析中,信任與信仰的共通之處就是「託付」的內涵,託付的目的是尋求安全的庇護和照看。與信仰相比,信任中的託付是指向世俗的他人,我們將「利益攸關」的事物託付給他人,我們期望得到他人的庇護和照看。雖然,在信任中,沒有信仰中的那種完全的交付以及對上帝的無限依賴,但是,信任中世俗的交付也體現了信任者的脆弱性和對他人的依賴。

託付意味信任伴隨著利益衝突問題。在信任關係中,我們託付出去的標的無論大小,總是關乎我們的利益。而在現實中,每個個體的利益又是多樣化的,很多時候甚至是衝突的。我們託付出去的個人利益是否得到很好的照看,就涉及受託付者面臨著利益誘惑的問題,於是,背叛和失信就成了很多信任關係無法避免的後果。

51

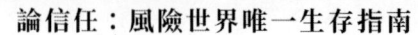

信任中所蘊含的託付內涵在現代社會中越來越突出。與託付對應的行為是代理，我們交付的利益是讓他人代為保管和處理的。在現代社會分工合作細化、專業化的趨勢下，代理行為越來越盛行，日常生活中或明或暗的託付和代理普遍存在。我們使用的日常用品都是依賴他人的生產性勞動，我們將自己的日常消費託付給企業；我們將自己的生命和安全託付給各種各樣的專家系統——質量技術監督局或者醫療系統等。現代社會的政治結構也是以這種託付和代理關係為理念基礎的：自由的個體與國家機構之間的契約關係以及代議制的盛行，充分展現了這種託付關係。於是，信任很自然地成為現代社會的基礎性問題。現代社會的日常生活結構和制度架構都是建立在信任的「託付」屬性中。「託付」這一屬性與現代社會生活方式密切相關，代表現代社會大部分信任關係的屬性。

三、不確定性的處境

「A很難在事先防範B草率使用、支配X的自由決定權，乃至B的失信，至多只能在事後予以懲戒。」這句話表明：一方面，信任者自願把自己的利益託付給他人或者置於他人控制之下，甚至可能是在沒有得到受託人任何承諾的情況下就把某些資源託付給受託人，而其後果卻不是當下、即刻能見到的。這裡有很多偶然性和不測性，被信任者還有可能濫用信任或背信棄義。另一方面，信任本身還存在晦暗性，尤其是在現代，很多情況下我們是在與陌生人、不在場者或某些社會機構打交道；而社會組織與技術系統的複雜性，也越來越超出人們對其理解和控制能力。因而，信任是一種甘冒風險的不確定行為。正如托馬斯（Thomas）所說：「在對未來不確定的情況下，我們需要信任。矛盾的是，也正是因為這種不確定性，我們不願意信任。信任是有風險的」（Thomas，1978，p.93）。

信任中包含的不確定性可以從兩個方面理解：第一，信任的結果是不確定的，或者信任的未來是不確定的，信任是人們在不確定的情境中採取的一種行動。在信任的情境中，不確定性往往表現為信任所面臨的處境，正因為關注對信任所面臨的不確定性，心理狀態說的持有者傾向於將信任看作一種期待或者深思熟慮的謀劃。第二，信任應付了不確定性，信任以保留不確定

性的方式應付了不確定性。我們的活動是面向未來的，未來的事物具有本質性、無法消除的不確定性和不可預見性。信任應對的正是這種不確定的情景，是在不確定的情境中建立起一種積極的期待和行動，並以此為立足點尋求行動的安全、可靠和成功。在這個意義上，信任是在不確定的環境中建立起確定性，它降低了人類事務的不確定性，促成了一種現實的確定性關係和行動的可能。由此，行動在信任中產生了。關於信任與不確定性的複雜關係，我們將在下一章「信任的本體論地位」中具體討論。

第三章 信任的本體論地位

人是社會的動物。在一個複雜的、充滿不確定性的世界中，信任使得人與人之間可以相互依賴，獲得了生存的安全感，也使行動獲得了確定的出發點。但信任對不確定性的處理並非僅僅依靠理性認識，也不僅僅是依靠心理上的確定性，而是依靠一種實踐性的跨越。

第一節 科學世界視野的變化：從確定性到本質上的不確定性

經典科學描述了一幅確定性的世界視野。近代哲學也一直尋求將知識奠基於某種確定性的基礎之上。他們認為不確定性只是緣於人們的認識侷限性。這一觀念在 20 世紀被深刻地改變了。從量子力學到混沌理論，當代科學告訴我們，簡單性、平衡和確定性只是局部的和暫時的，複雜性、變化和不確定性才是世界的本質。

一、經典科學的確定性世界視野

確定性（certainty，源自拉丁文 certus），一種確實的、不變的狀態，指：

①世界的秩序化狀態，它與或然性相對。維根斯坦說：「確定的，可能的，不可能的，這裡就有了我們在機率論中所需要最重要的分度標誌」（維根斯坦，1985 年，第 55 頁）。確定性與或然性的區別可以比作必然性與偶然性的區別。

②不會發生改變的。

③被我們當成理由和根據的東西，或者是指命題不能被懷疑或具不可否定的性質，與疑惑、懷疑相反。

④一種心理上被視為靠得住和沒有爭議、沒有疑問的狀態、態度，例如認可。

第三章 信任的本體論地位

心理學上的確定性與真實性相關，與疑惑、懷疑的態度相反，而命題的確定性與或然性相對。與真實性相關的心理學上的確定性，如果沒有進一步的理由，就不足以確立命題的確實性。已知為確實的東西是一種真知識，但確實性不等於真實性，因為「確實為真」比單純的「真」更強，同樣，我們可以判斷一個命題「確實為假」。此外，確定性有不同的程度，根據證據的性質和範圍而定。

近代哲學一直尋求將知識奠基於某種確定性——它們是確實的、不可否認的，並可以提供一個基礎來接受那些不那麼確實的東西——之上。一些人在思想中尋求確定性，例如，笛卡爾把確定性理解為懷疑的不可能性。他的哲學不僅要提供一個人類知識的綱領，而且努力創建一個具有數學確實性的思想體系（泰利，1995 年，第 305 頁）。我們的全部知識都建立在少數不證自明的真理之上，其他知識都是用演繹方法由此推導出來的。還有一些人在經驗中尋求確定性，如洛克主張知識來自感覺經驗，正是這些經驗才構成我們全部知識的基礎。他們都認為有一種先於其他知識的知識。

當然，也有人認為知識不要求確定性也是可能的，例如皮爾士就主張一種普遍的可能性。維根斯坦則主張區分知識和確定性。在《論確定性》一書中，維根斯坦指出，從邏輯上講，「知識和確實性屬於不同的範疇」（維根斯坦，2001 年，第 48 頁）。知識總是可能有懷疑和錯誤，而確實性則排除了懷疑和錯誤。確實的東西提供了一系列部分可變化的「關鍵」命題，我們對於日常命題的整個信念系統要依靠這些命題。確實性不需要理由根據，因為確實性本身就是被我們當成理由和根據的東西。

我們這裡所說的確定性，主要是指世界的秩序化狀態，它使人們有章可循，把自己的生活建立在穩固、可靠的基礎上，從而獲得生存的安全感。

對確定性的尋求起初是一種避免原始生活危險的安全需求。在人類社會的早期，人們對自然的認識和干預能力都極其有限，在自然災害和許多疾病面前束手無策，孕婦和兒童的死亡率很高，平均生命年限很低。人們生活在無常之中，他們把這種無常看作是無法改變的命運的組成部分。這種狀況在古希臘早期的原子論中就有反映，例如伊比鳩魯認為，構成宇宙的最小單位

第一節 科學世界視野的變化：從確定性到本質上的不確定性

原子在虛空中自由墜落的過程中，會在不確定的時刻和不確定的地點發生某些偏離，從而造成原子之間的碰撞，形成原子之間的不同組合，並由此構成萬事萬物。他把不確定性看作人類不能逃避的必然命運。按照杜威的說法，在古代，人們只能靠以合適的敬神態度進行的祈禱和儀式，或者靠對幸運的或不幸的有形體的巫術式操縱來獲得安全感。神祕和魔力伴隨著前者，而後者則被視為更易於通向實踐的控制（杜威，2005年，第1-7頁）。後來，這種區別逐漸地被概念化，被抽象成精神的和智性的東西，同物質的和實踐的東西相區別。

儘管我們未必能同意杜威的全部說法，但確實，從古希臘開始，哲學家們努力在現象和本原之間進行區分，他們把「存在」、「實體」以及「本質」等，看作是與變化著的「偶性」對立的「永恆不變的東西」，力求依靠發現終極的實在和永恆的真理來為人們的精神和生活建立一個穩固的支點，因為它們是不變的、確定的，並且被邏輯規律所支配。例如柏拉圖認為，真正的實在是理念，是不變的形式。中世紀宗教神學聲稱「大自然就是秩序，就是經過和諧調節後的多樣化了的統一性」，上帝就是這一秩序的設計者和保證者（加林，1998年，第106頁），也是在給人們的生活，包括精神生活建立一種可靠的依託。對此，尼采曾尖銳地批評說：人們選擇柏拉圖的理念假設，把權威的、整體的和統一的理性話語看作是至高無上的，實際上是在選擇安全，同時也失去了生命力、感性和創造性這些使人有價值的東西的自由。杜威也認為古希臘哲學家們所發起的「確定性的尋求」，是試圖透過超越世俗世界來找到躲避世俗世界危險的安全。

今天人們所說的確定性的世界視野是伴隨著近代科學的發展確立起來的。近代科學是建立在經典力學基礎上的科學體系，它為我們描述了一個機械的、決定論的世界視野：「一切被認為是科學的東西，都成了用數學術語來概括的機械屬性」；根據牛頓第二運動定律，一旦知道了力和它的初始狀態，我們就足以確定該系統，不但能確知它的過去，也能確知它的未來。這樣，世界就像一座按照機械論原則運行著的精確時鐘裝置，一切事物的變化都具有確定的因果聯繫，服從於鐵的必然性的規律。這種模型導致了確定論和時間可逆性（普里戈金，1998年，第1頁）。

而隨機性、偶然性只是來自我們認識的侷限，或者是外部力量的干擾。拉普拉斯聲稱：我們可以把宇宙現在的狀態視為其過去的因以及未來的果。如果一個智者能知道某一刻所有自然運動的力和所有自然構成物件的位置，假如他也能夠對這些數據進行分析，那宇宙裡最大的物體到最小粒子的運動都會包含在一條簡單公式中。對於這位智者來說沒有事物會是含糊的，而未來只會像過去般出現在他面前。

這樣，現象世界的複雜性和變動性也就可以從簡單的原理和普遍的規律出發加以消解。複雜性只是表面現象，而簡單性、確定性則構成了它的內在本質。科學的使命就是在紛繁複雜的世界背後，為我們找到一個確定的因果鏈條，它是穩定有序的、可預測和可控制的。

二、科學世界視野中確定性終結

19世紀中葉以後的科學發展顛覆了經典科學的確定性視野。對確定性視野的動搖最初是來自19世紀的熱力學和統計物理學。統計物理學研究的對象是由大量元素組成的物質系統，這些元素的運動是隨機的、不確定的，元素之間、元素和整體之間也缺少不變的聯繫。經典力學的方法之所以無能為力，不僅在於它無法應付這種系統的複雜性，更為重要的是這種複雜性導致了質的變化——即使我們精確地確定粒子的全部軌道和它們之間的相互作用力，也無法提供系統的整體知識，而只能對它做出統計的描述。

另一方面，達爾文的演化論也表明：某種不能確定的原因引起了現存物種中個體的變異。這些變異有的被保留下來，產生了新的物種。隨機性和機率開始進入科學家對自然規律的描述中。

但是，由於牛頓力學確立的確定性觀念根深蒂固，當時的大多數科學家認為，用機率統計來描述物體運動是不得已和暫時的。他們認為，造成這種局面主要是因為我們認識能力的侷限，我們的研究水平和實驗技術的限制。或者說，隨機性、不確定性僅僅被看作無知的庇護所。

徹底地改變人們對隨機性、不確定性的看法，是在量子力學建立以後。量子力學是描述微觀粒子運動規律的理論。量子力學告訴我們：微觀粒子具

有波粒二象性。在微觀領域,規律並不規定事件的發生,而僅僅規定其發生的機率。我們對微觀粒子的運動狀態不可能做出確定的預言,只能給出取值的機率。物理學家玻恩給出了量子力學的統計解釋,指出如果我們從波—粒圖像來觀察過程,則這種二象性主要地包含不確定性而服從於統計規律。與粒子聯繫起來的波乃是機率波。由此,機率進入了物理狀態的定義。在這裡,機率是對一類具有不確定性客體的存在形式和運動規律的定量表述。它描述了一個系統行為實現的可能性空間,而要素的一種狀態向另一種狀態的轉變,或者說每一種可能性的實現,都具有隨機性,僅是在大量的行為中表現出確定的、必然的趨勢。機率法則——進而,不確定性——不再被看作人類無知的反映,因而也不再是某種從原則上說是暫時的東西,它是自然本身的一個基本特徵的描述。

而隨著分子生物學的發展,人們也發現隨機性在生物發展演化中起著基本的作用,例如基因突變就其發生的時間、地點、方向來說,都是隨機的和無法預測的;在宏觀演化中也存在著大量偶然的、不可預測的現象。生物學家雅克·莫諾甚至聲稱,生命是一次性的和不可重複的偶然現象。

統計熱力學也是複雜性研究開端。伴隨著複雜性科學的迅速興起,人們進一步深化、擴展了對現實世界不確定性的認識。按照諾貝爾物理獎得主、聖菲研究所的學術創辦人蓋爾曼的說法,「現代科學的一個重大挑戰是沿著階梯從基本粒子物理學和宇宙學到複雜系統領域,探索兼具簡單性與複雜性、規律性與隨機性、有序與無序的混合性事件」(蓋爾曼,2002年,第119頁)。史蒂芬·霍金說:「我相信,21世紀將是複雜性的世紀」(約翰·霍根,1997年,第329頁)。

一般來說,複雜性系統是指一類子系統種類繁多、子系統間有多樣相互作用並具有層次結構的系統,這種系統的子系統之間及系統與環境之間的相互作用可以自發地形成整體行為和演化。錢學森提出的「開放的複雜巨系統」概念對複雜系統做了描述,他說:「如果巨系統裡子系統種類太多了,子系統的相互作用的花樣繁多,各式各樣,那這個巨系統就成了開放的複雜巨系統」(錢學森,1989年,第10頁)。塗序彥進一步區分了內部複雜性和外

部複雜性兩類。其中內部複雜性為：關係複雜（多種關係），結構複雜（多通路、多層次），狀態複雜（多變量、多目標、多參數），特性複雜（非線性、非平穩性、非確定性）。外部複雜性為：環境複雜（各種環境），影響複雜（多輸出、輸入，多干擾），條件複雜（物質、能量、資訊條件），行為複雜（個體、群體行為），等等（塗序彥，1999年）。1979年，比利時科學家普里戈金首次提出了「複雜性科學」的概念。普里戈金的「耗散結構」理論、哈肯的「協同學」，以及混沌理論可以看作複雜性科學的代表。

「耗散結構」是一種不可逆過程的物理學理論，這個理論研究了物理化學中的「導致複雜過程的自組織現象」。熱力學第二定律的熵的概念，首次把不可逆的思想引入到物理學中。普里戈金的耗散結構理論就是建立在時間不可逆的基礎之上。耗散結構理論指出，一個非平衡系統的演化過程，是一個不可逆的過程。這個過程可以用數學中的分岔點理論來描繪：一個非平衡系統由線性平衡區（這時只有一個熱力學解）經過分岔點以後進入非線性區（這裡可能有幾個分支解），然後透過漲落發生突變，形成一個新的有序的結構。

這也就是說，在熱力學分岔點附近出現的多種發展可能性和不確定性，發展的方向不是唯一的。普里戈金把系統的發展演化過程簡單地概括為「透過漲落達到有序」。在這裡，事物的存在和發展呈現為一個過程，其中既有線性的、穩定的階段，又有不穩定的、非線性的階段：在分岔點上，顯現出多種可能性，而究竟向哪一個方向發展，是由系統內部以及系統與環境的諸多因素的相互作用所決定的，未來的發展途徑是不可預言的。

此時，時間不再是系統運動的外部參數，而成了非平衡系統中內部進化的度量。把時間的不可逆性引入物理，在理論上具有重大意義。在經典力學和量子力學（測量過程除外）中，時間只是一個系統運動的外部參數。它們的基本物理定律，例如牛頓的運動方程式和薛丁格方程式，對於時間來說都是對稱的、可逆的。也就是說，過去和未來可以互相置換。顯然，這裡不允許有新東西出現，也就無所謂進化，沒有了隨機性或不確定性的地位。「現代科學的一個主要迷惑處是使人確切地感覺到時間是被排除於科學之外的，

只要借助一些永恆不變的、不需要涉及時間的基本定律就能夠完全描述世界。這給我們一種知識是固定可靠的感覺」（湛墾華，1982 年，第 v 頁）。

作為複雜性科學的另一重鎮，混沌（Chaos）理論還告訴我們，在微觀和宏觀兩個層次上，隨機性在一個確定性的過程（或由確定性方程式描述的簡單系統）中可以作為內在的必然行為而發生，它們完全與外在的干擾無關，只是由系統的內在動力學所決定。例如一個不含隨機項、隨機係數和隨機初始條件的微分或差分方程式，可以出現無規則的運動。這一發現進一步動搖了牛頓以來占主導地位的機械決定論。混沌物理學家約瑟夫·福特曾經預言，混沌理論對科學思想的影響，最終將媲美相對論和量子力學，被稱為 20 世紀物理學上的「第三次革命」。他說：「相對論消除了關於絕對空間與時間的幻想；量子力學則消除了關於可控測量過程的牛頓式的夢；而混沌則消除了拉普拉斯關於決定論式可預測性的幻想。」

總之，不確定性是複雜性的核心特徵。「所謂的複雜性是什麼？複雜性是系統的一種性質，是在給定的邊界條件下具有一個以上的可能解」（普里戈金，2005 年，第 67 頁）。在經典物理學中，基本的過程被認為是決定論的和可逆的。而今天，「我們在觀測的所有層次上都看到了漲落、不穩定性、多種選擇和有限可預測性……自然法則的意義發生了根本變化，因為自然法則現在表達為可能性或機率」（普里戈金，1998 年，第 1-3 頁）。

當然，複雜性比不確定性內容更為豐富。在本書中我們不做進一步區分。

不確定性是本質性的，是世界萬物發展變化中的普遍現象。正如普里戈金所說，科學正在從決定論的可逆過程走向隨機的和不可逆的過程。

第二節 社會不確定性和人的行為的不確定性

在社會生活中，我們同樣能夠直接感受到世事的複雜和多變。比起自然領域，社會領域要遠為複雜，具有更多的不確定性。

一、社會是一個複雜的巨系統

不確定性和複雜性是社會過程的基本特徵。

第三章 信任的本體論地位

社會是一個複雜的巨系統，由許多功能上相互依賴的部分（或子系統）透過一系列整合機制耦合而成。這些子系統是異質的，它們之間的相互作用是多樣的，其中既有確定性的聯繫，又有變化的、不確定的聯繫，構成了多層次、複雜聯繫的網絡。社會系統是開放的，它面向未來，具有不確定性。人們活動既是在這種複雜性和不確定性的環境中進行，又是這種複雜性和不確定性的來源。幾乎數不清的個體是組成社會的基本單位，他們具有自我意識和個性，有自己的利益、自由意志，可以自由選擇自己的行動。而且，在交往過程中，他們可以相互信任和合作，也可以相互利用或競爭，由此形成的社會關係、網絡，其複雜性、不確定性就是多重的了。沃勒斯坦（Immanuel Wallerstein）說：「社會在本質上是一個不確定的領域」（沃勒斯坦，2006年，第22頁）。

社會學家的模型有助於我們理解社會的複雜性和社會事務的不確定性。帕森斯把社會系統描述為一個由許多相互依賴的實體（部分）組成的有機整體，其中的每個部分都在整體中承擔一種功能；這個整體具有不能由部分的性質加以解釋的突現（emergence）性質，它有著自己獨立的功能需求，社會系統也存在一套內部整合機制來確保社會結構趨於穩定或均衡（Parsons, 1951）。

帕森斯還提出了所有人與人互動的「雙重偶然性」概念，指出由於交往雙方的主觀意識都具有高度的隨意性、多樣性和封閉性，使得雙方行動的協調變得更加困難。但是儘管如此，帕森斯的模型過於強調社會整體的突生性質和自主性，把人的行動完全看作由系統的需求決定或約束而忽視了他們的主觀自主抉擇；他對社會結構與社會過程的描述也主要集中於宏觀層面，對它們的微觀基礎缺乏足夠的描述和分析；他也過多地強調了均衡性，不能有效地解釋社會結構的變遷過程，從而逐漸被巴克萊（Buckley）提出的「過程——變遷」模型所取代。巴克萊的「過程——變遷」模型是在不否認社會系統具有突生性質的前提下，突出個體的能動作用和社會結構所具有的過程性。其主要內容是，強調系統不是由許多相互依賴的實體性部分，而是由許多相互依賴的人與人之間的互動過程構成的；系統的結構和過程也不能分割，如果構成系統的互動過程停止了，系統本身也將消失或改變；系統運作過程

第二節 社會不確定性和人的行為的不確定性

既包括以穩定或均衡為取向的結構固定的過程，也包括以變遷和創新為取向的結構變化以及新結構的形成過程。

德國社會學家盧曼提出一個更加複雜精細的社會系統理論模型。這個模型更加突出社會系統的建構性質，強調人類個體行動所具有的反思性及其在社會過程中的作用。盧曼認為不存在先於人類互動過程或先於系統組成部分而存在的社會系統，也不存在預先規定好的各種系統功能。所謂的「功能」不過是人們在互動過程中透過觀察和反思而向自己提出來的某個問題，以及透過反覆嘗試最終形成的某種「問題——解決」模型。對於同一社會過程，不同人完全可以做出不同的觀察和反思，提出不同的問題及其解決之道。因此，社會系統的結構等狀況，在很大程度上是人們對其進行反思的結果（Luhmann，1995）。這種將社會系統視為人類個體反思性行動之結果的觀點，在英國著名社會學家紀登斯的理論中也有詳盡的發揮。

隨著現代化的深入，社會進一步趨向複雜化，其不確定性也更為突出。20世紀後半期最重要的事件就是全球化。全球化是一個以經濟全球化為核心，包括各國各民族各地區在政治、文化、科技、軍事、生活方式、價值觀念等多層次、多領域的相互聯繫、影響、制約的過程。伴隨著貨物與資本的跨國流動以及資訊技術的發展，不同民族和國家的文化、生活方式、價值觀念等也進一步交流、碰撞、衝突與融合，形成全球性的相互依存。

馬克思早在100多年前就指出，資本向全球的擴張，使得歷史成為世界的歷史，各民族的文化成為人類共同的文化，個人也開始成為「世界歷史性的個人」（馬克思、恩格斯，2002年，第39頁）。紀登斯則用「時空分離及脫域——再嵌入」（紀登斯，2000年，第15頁）描述了當代社會（紀登斯稱為「第二次現代化」）的特徵。所謂「時空分離及脫域——再嵌入」，是指將社會關係從地方性場景中抽離出來，並在一種幾乎是具有無限可能性的廣闊空間中再聯結或嵌入，這就使人們置於一個廣泛的普遍交往的世界中，並超越具體場所的限制及漸次擴散的侷限性，從而開闢了一個全新的社會生活世界（紀登斯，2000年，第70頁）。

論信任：風險世界唯一生存指南
第三章 信任的本體論地位

「時空分離及脫域——再嵌入」不僅是社會的整體狀態，它也從三個方面反映了個體的生存狀態。

①資本、物資、技術、資訊、人口等的全球性流動，使得人們生活、活動不再限於原先那種狹小的、固定的時空範圍，流動、變化、向多種可能性開放——總之，不確定性成為現代人的存在性質。

②現代性本身要求一種朝向未來的擴張。資本對利潤的追逐推動著人們對貨幣物質享受的追求，激發了人們的無限慾望，使得未來成為當下行動的根據和要求（實際上，這一點自啟蒙運動以來形成的「進步」觀念中已經開始確立了）。就像鮑曼所說的，無論什麼人，「若要在現代社會中生存下去，就必須要接受社會的可變和開放的形式」。他們「不僅要在自己的個人和社會生活中不拒絕變化，而且要積極地要求變化」（鮑曼，2002年，第123頁）。這也是一種「流動性」，故鮑曼把今天的現代性稱為「流動的現代性」。流動的生存狀態本質上是不確定的。

③全球化和資訊技術的發展使得人們可以感受到地球上任何一個角落發生的事情，它們好像直接發生在我們的身邊，影響著我們的生活和思考。這些東西聚集起來，進一步強化了人們的不確定感，增加了人們的焦慮，而且使這種焦慮成了公共性的。

當代社會中不確定性增長的第二個重要表現是「風險社會」的出現。對此，紀登斯和貝克（Ulrich Beck）都有論述。貝克把現代社會稱為「風險社會」。貝克認為，在現代社會，「本體論差異的等級制度的確定性，被自由的有創造力的不確定性所取代」（貝克，2004年，第16頁）。在這裡，新出現的問題包括：「不確定的新政治經濟、金融市場、有關食品及其他產品（狂牛症）的跨文化衝突、正在出現的『風險社區』，最後，但並非最不重要的，國際關係的無政府狀態。」由此，「在人為不確定性的全球世界中，個人生活經歷及世界政治都在變為『有風險的』」（貝克，2004年，第6頁）。

人的活動是面向未來的、創造性的，這種面向未來的活動使我們離開熟悉的、穩定的、安全的領域而進入陌生的、不穩定和不確定、充滿風險的領域。未來總是不確定的，在這個意義上，所有的人類活動都帶有風險，尤其

第二節 社會不確定性和人的行為的不確定性

是具有高度創造性的科學活動。今天我們所說的「風險」主要是指與人類活動相關聯的「負面事件的發生」，而不是由單純的自然因素引發和造成的危害，貝克把風險定義為：「風險可以被界定為系統地處理現代化自身引致的危險和不安全感的方式」（貝克，2004年，第19頁）。風險今天成為突出問題，乃至出現「風險社會」，是現代化的一個後果。

科學技術與資本是推動我們進入「風險社會」的根本原因。一方面，資本是逐利和短視的，貝克指出：「圍繞著現代化風險產生的衝突，是圍繞著與進步和獲利的原動力一致的系統原因發生的」（貝克，2004年，第43頁）。另一方面，我們今天已日益生活在一個人工的世界中，人工安排（包括按照技術理性和方法設計的社會環境）以及人類活動影響下的自然已取代原有的自然，構成了我們生存的基本環境。科學和技術活動的根本特徵是創造，它們設計和創造出大量此前現實世界不曾存在的物品或產品，或為某些物品賦予新的目的或功能。它們開拓新的、我們尚不熟悉的空間，打破了原有的平衡與穩定，也加快了自然和社會變化的進程。而且，這些系統還往往具有複雜性（相干性、自主性等），以及脆弱性和易受攻擊性，技術和經濟決策導致的後果也常常超出我們的預測和控制能力。這些都使得不確定性和風險日益增大。

總之，正如克拉克（Clarke）和肖特（Short）所說：「不斷增加的社會和技術的複雜性，提高了系統某些關鍵部分不可靠的可能性。」、「技術應用於自然和社會越多，生活就變得越不可預測。當技術對自然和社會產生影響的時候，它們之間複雜的互動造成非常多的沒有想到的後果」（Clarke&Short，1993，p.384）。文明與技術的發展，除了帶來不容置疑的好處之外，也可能產生損失慘重的失敗和有害的影響，例如工業災難、環境破壞、氣候變異乃至生活意義的失落等等。我們自己的創造物非預期地轉過來反對我們自己。

此外還有抽象系統的出現。所謂抽象系統，就是由符號系統與專家系統所組成的系統。符號系統是相互交流的媒介體系，它具有可公度性，能將資訊準確傳遞，而不用考慮任何特定場景下處理這些資訊的個人或團體的特殊

品質。專家系統則是由技術成就和專業隊伍所組成的體系（紀登斯，2000年，第15-25頁）。按照紀登斯的觀點，在現代性社會中，伴隨著「時空分離及在時空分離基礎之上的脫域特質」這種交往方式的改變，人們的活動越來越依賴於社會的抽象性系統。

現代社會的一個基本特徵是分工越來越細。在今天，沒有一個人能夠說他有能力完全懂得全球資金流動、股票交易起伏、電腦網絡、電信和運輸，也沒有一個人敢說他能夠完全懂得行政的、管理的、政府的、軍事的運行機制和國際官僚機構，可是我們的需要和利益越來越依賴它們的正常運行。對這些領域或部門的認識及其運行的操控，是由特定的社會職能部門來承擔的。因此，必須依靠科學技術知識和專家系統，依賴所有那些在政治、經濟、技術、科學領域中代表其利益而從事「代理性活動」的所有那些人。

依靠科學技術知識和專家系統，我們對各種事件做出判斷、計算得失和付諸行動，也從它們的可靠性中獲得安全感。然而，它們對於我們卻好像是一個巨大的黑箱。那些公共機構和組織的管理者、技術系統的操作者、商品的生產者、服務的提供者，對我們來說幾乎完全是陌生的。我們也沒有能力去影響、控制或監督他們的行動。他們是完全隱蔽並獨立於我們的，而我們卻非常依賴他們正在做的事情（例如：我們非常依賴我們乘坐的飛機的飛行員、我們所吃藥品的生產者、組裝我們的汽車的工人、製作我們所買食品的廚師……還有更多我們沒有機會親身遇到的人）。在無數的場合，我們必須依靠不知名的「重要他人（significant others）」的效率、責任心和好意。

而且，社會系統「越分化，伴隨增加的角色就越多，也就越有可能出現任何特殊角色（或角色叢）的不穩定」，他們的行為更加難以預測（Seligman，1997，p.39）。生活在現代性社會中的人們出於理性，一方面得信任這些抽象系統，另一方面又不得不對這種抽象系統的可靠性保留某種理性的懷疑與審視。我們常常感覺到像是在黑暗中行動。

這些不確定性和變化一方面擴大我們活動的選擇空間，但另一方面，也使我們的生活變得越來越不安定和進退失據，從而陷入一種焦慮狀態之中。

二、人的活動的複雜性和不確定性

社會系統是由有目的的人的活動所組成，社會過程也是由無數人際互動過程構成。追根究柢，社會的不確定性是來自人與人之間（以及系統各部分之間）的複雜相互作用，儘管不能還原為個體活動。在這一節，我們主要從個體的角度討論人的活動的複雜性和不確定性問題。

人類的活動本身具有不確定性。杜威將不確定性作為實踐本身所固有的特性，他說：「實踐活動有一個內在而不能排除的顯著特徵，那就是與它俱在的不確定性」（杜威，2005年，第3頁）。這是由行動本身的性質決定的。

人是有自覺意識、能思考的動物。不同於自然界萬物運行的那種受動性，人的活動具有意向性、自主性和自主抉擇，他們能夠主動地去確定方向和方法，其目的和手段也隨著時間、地點、條件的變化而變化。

而且，如我們反覆指出的，人的活動是面向未來的。未來本身是不確定的。行動、實踐是現實地改造客觀物質世界、把客觀的事物從一種形態轉化為另一種形態的活動，是切實地參與到客觀物質世界——無論是自然的還是社會的——的運動、變化中去的活動，其中大量的相互作用、條件以及活動的結果是從來沒有發生過的，也是不可完全預知的。因此，未來是不確定的，也是不可能完全被具體謀劃的，不完全取決於我們自己的意旨和行動。而且，每一個行動都具有獨一無二的性質。它是獨特的、個別的、受特定情境的制約和不可完全重複的。因而正像杜威所說的，我們任何關於所做行動的判斷都不能超過不確定的機率。「我們考察各種情況，儘量做出最明智的抉擇，我們採取著行動」，然而「不管我們怎麼樣透徹地進行判斷、計劃和選擇，也不管我們怎樣謹慎地採取行動，這些都不是決定任何結果的唯一因素」（杜威，2005年，第4頁）。

按照馬克斯·舍勒的觀點，現代性過程不僅僅是一種事物、環境、制度的轉化或一種基本觀念和藝術形態的轉化，更是「一種人自身的轉化，一種發生在其身體、內驅、靈魂和精神中的內在結構的本質性轉化」，一種存在性質的轉化（舍勒，1997年，第207頁）。人們逐漸擺脫了身分、階級的束

縛，而獲得了個體的獨立與自由。他們發現了獨立的自我和自身的價值，也發展起民主的意識。

而隨著生產力和科學技術的發展以及民主制度的完善，人的能力和創造性獲得了極大的增長，能力和創造性發展和發揮的空間也有了巨大的擴展。從日常生活中的消費、教育、勞動和閒暇，到社會生活中的制度設計，我們的潛在選擇範圍都是巨大的，可選擇的數量也在不斷增加。我們生活於其中的這個世界受到有目的的人類行為影響的範圍不斷增長，不僅是社會，甚至自然的面貌都已經為人類活動所塑造。

人們面對的可能選擇越多，他們最終做出的決定越不可預測，其結果，尤其是長遠後果的不確定性也就越大。

同時，每一個人的選擇都會涉及他人，也要受到他人選擇的影響。如前所述，現代化的發展，特別是全球化，把世界變成了一個「地球村」，每一個國家、群體乃至個人都被交織進一個相互作用的網絡中，其行為和利益都會直接或間接地影響到他人，也會受到他人的影響。因此，他人的行動構成了我們工作和生活的重要場所，構成了我們的世界。我們必須與他人共同生存，只有透過協同與合作才能滿足自己的絕大部分需求。然而，我們的工作、生存和幸福所依賴的那些人及其行動是完全獨立於我們、不確定並難以預測的。所謂社會的不確定性，很大程度上是指他人行動的不確定性，以及人類事物的不可預見性。在我們說到「未來的事物具有不確定和不可預見性」時，很大程度上也是指他人行動的不確定性，以及人類事物的不可預見性。未來包含著錯綜複雜的因果鏈以及幾乎無窮的可能性，這些因果鏈和可能性就是由人的活動、由無數的人與人之間錯綜複雜的相互作用及其結果所組成。列維納斯說，「與他者的關係正是與未來的關係」，我永遠不能預知他者的到來，這是未來的事情，唯其如此，他者不在我的掌控之下。他者的蒞臨擾亂自我的同步時間。因此，他也剝奪了自我所有當下的資源。這種不確定性正是對自我主宰時間的挑戰（楊大春，2008 年，第 239 頁）。

三、他人

他人具有本質上的不確定性和行為的不可預測性。這種不確定性與人存在的某些本體性質相關。

他人是自由的。自由是人先天具有的本體性質或潛能（康德在他的《實踐理性批判》論證了自由意志的先天性），儘管這種自由需要在一定的社會條件下才能發揮出來、發展起來乃至養成。自由就是行動的根據，出於自身，它表現出對機械決定論的排斥。

他人是自主的。具有自由意志使得人的行動能夠出於自己的選擇和決定，而不是由外部力量支配或控制。人的行動不可能完全由外部力量所控制、所決定，我們即使控制了一個人的身體，也無法控制一個人的思想。甚至在極端的情況下，人也總是可以有某些選擇：順從或反對，遵守或規避，跪著生還是站著死。在多主體的聯合行動中，他人的這種自由放大了社會不確定性，每一個參與者都無法預料到合力的結果。

他人具有「他性」。從抽象的理論上來講，沒有兩個完全相同的人，每一個人都是有著不同社會經歷和價值觀的個體，他們有自己的自我、獨立的人格、獨特的觀察世界的角度和行事方式，這些也是本體性的。「如果人們能夠按照同一個模子無限複製，所有人的本性或者本質都完全一致，並且和其他事物一樣可以預測，那麼行動就將成為一種不必要的奢侈，是對普遍的行為準則的無常干預。群體性是人類行動的條件，因為我們每一個人都不可能和另外某一個人一模一樣，無論這個人是已故的、活著的還是將來要出生的」（阿倫特，1999 年，第 178 頁）。

他人具有自身的利益。具有自身的利益和需要，同樣是構成人的本質的基本條件。人們要生存、要發展，就有各種物質和精神的需要，如身體的保存和健康、個人才能的利用和發展等。所謂利益，就是對能夠滿足利益物質生活和精神生活需要的東西。從一定意義上說，滿足其基本的物質生活和精神生活的需要，是人的生存條件，也是人活動的動力；而實現這種滿足，就是人的活動的基本內容。

他人具有自由和自主性，具有自己的自我、獨立的人格、獨特的觀察世界的角度和行事方式，具有自身的利益和需要，這使得他人的行動對我們來說，具有雙重的不確定性：一方面，它使得行動的選擇具有多種可能性，因而具有極大的不確定性；另一方面，也使得行為更加不可預測。

這裡的原因，除了上文所說之外，還由於人的行為總會與理性有偏差。人的行動獨特之處在於總是有如盧曼所說的「令人困擾的採取多種多樣行動的潛能」（Luhmann，1979，p.39），或者如紀登斯所說的「以別的方式行動」的可能性（Giddens，1984），在很多時候難以給出充分的理由。

而且，他人對「我」來說，總是非透明的。或許在理論上能夠證明我們可以瞭解他人的內心，但是從日常實踐的層面來看，我們對他人的認知是不可能完全實現的，他人的思想對「我」來說是封閉的，他的目的、意圖、要求等，也不是「我」能夠確切把握的，我們不可能完全進入他人的內心世界。何況，他人還可能欺騙我們，對我們耍花招，其行為也可以反覆無常使我們最有根據的預測失靈。貝爾認為這同樣來自於「他人自由決定的力量」（Baier，1986，p.250）。進一步說，每個人都有自己不同的文化背景，他們的選擇不僅要考慮自身的利益和需要，還會被各種慾望——合理的或不合理的——所左右。這樣，「他人」就成為「他者」乃至「異己的」。隨著交往的日益普遍化，人們越來越多地是在與陌生人打交道，一些交往的對象還常常是匿名或「不在場」的，他們對於我們來說就好像一個不可把握的黑箱。

從行動的角度來說，人們不僅根據對過去經驗的記憶和理解而行動，也能夠反身性地根據部分已取得的結果修改他們的行動進程；他們可能會提出修正、放棄互動，也可能會為結束窘困的處境而透過他們的防禦性行為歪曲最初的預想（自毀預言，self destroying prophecies），或透過建設性的行動使完全沒有根據的預言成現實（自證預言，self fulfilling prophecies）（Merton，1936，pp.894-904）。而他們在未來將根據什麼而行動，是現在——在他們實際上持有它們之前——不能預測的。

與他人共同生活在同一個世界，是我們每個人的宿命。在羅馬語中，「生存」和「在人群中」，「死亡」和「遠離人群」是兩組同義詞。我們的存在

就是與他人共在。我們必須時時依賴他人，而他人的「他性」和不可預測性又可能是一個不安全的來源。「只要另一個人在意識中不只是作為世界上的一個對象，而是作為他我，作為以不同的方式看待事物和做出行動的自由個體出現時，世界的傳統自明性就打亂了，它的複雜性以全新的維度表現出來，因為暫時還沒有合適的方式掌握和吸納它」（盧曼，2005 年，第 27 頁）。這也進一步加深了我們的焦慮。

第三節 信任的本體論意義

世界在本質上具有複雜性和不確定性。透過信任，我們可以成功地應對世界的不確定性，從而獲得生存的安全感和行動的依託。由此也彰顯出信任的本體論意義。

一、應對不確定性

不確定性導致了存在的焦慮。一般說來，焦慮源於個體超前思考，即預期與當下行動有關的反事實的未來可能性的能力和必要性，顯然，它與不確定性密切相關。焦慮是一種存在狀態。「簡言之，人因為既有限又自由，既受限又無限，所以是焦慮的。自由與有限並存的弔詭情境，使人生而焦慮」（Niebuhr，1941，p.182）。焦慮作為人類的基本處境，是我們要力圖克服的，在克服焦慮的過程中，我們獲得了安全感，有了活動的方向。每一個個體在成為人之前，每個集體在成為文明之前，必須學會不斷地克服焦慮，以獲取作為安全幸福生活的前提（Blank，2012，p.272）。

所以，應付不確定性和尋求本體性安全，是人類生活和實踐的一個重大主題。在整個人類文明的進程中，我們都在做著這件事情。

從歷史來看，人們應付不確定性的途徑主要有以下幾種方式：一是試圖和周圍決定自己命運的各種力量和解（祈禱、獻祭等）；二是追求絕對的確定性，或者說力圖完全控制或消除不確定性；三是承認不確定性的存在，在行動中積極地應對不確定性（簡單來說，例如帶傘和買保險，行動的方案中

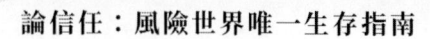

顯然包含風險的成分）。這三種方案對我們解決不確定性問題都具有重要的意義，但以往人們關注比較多的是前兩種。

試圖和周圍決定自己命運的各種力量和解，即透過宗教性的活動來應對不確定性，在古代是非常普遍的現象。人類透過祭祀、祈禱等方式來討好具有超自然力量的神，從而得到神的庇護，保佑我們生存安全和活動順利完成，但是神怎麼幫我們，人類是不祈求知曉的，這種完全建立在崇拜心理上而得來的心理確定性是很誠惶誠恐的，因此我們會在宗教習俗中看到許多的禁忌行為。隨著人們對自然的認識和掌控，這一層面的宗教意義已經大大削弱了，但是我們還是能在一些風險性和偶然性很高的實踐活動中看到這種宗教性的行為，比如運動員比賽前的祈禱等。在某種意義上，宗教信仰作為一種情緒和想像，對於實踐和行動有著一定的積極影響。

追求絕對的確定性，或者說力圖透過認識和控制來消除不確定性，這是近代以來一直占主流地位的觀念。這也就是杜威在《確定性的尋求》中所說的對「常住性」的追求。這種傳統可以上溯到巴門尼德和柏拉圖。柏拉圖對理念的固守，就是要將人類從多變的意見和赫拉克利特的流變中解救出來，給出一幅確定性的世界視野。理念論讓流變的世界有了固定的形式，從而使得紛繁複雜的現象世界有了一定的秩序，使人們的存在有了一種依託，或安全感。近代以來，笛卡爾的理性主義仍然秉承了這一傳統。

近代以來科學技術和工業的發展，顯示了這一努力的巨大成功：從微觀粒子到宏觀宇宙，我們對大量事物有了清楚、明確的認識；我們已經可以把大量的自然事物置於我們的控制之下，讓它們服從於人類的擺佈和服務於人類的目的。在社會領域，人們透過建立各種制度來規範和控制人的行為，以應對不確定性，保證經濟、社會、政治乃至文化、教育等領域的良好秩序和穩定運行（例如霍布斯就把不確定性難題看作法律和秩序的問題。他致力於確立社會秩序的必要條件以解決這一難題）。可以說，今天人類文明的多數成就，都是這種認識和控制的成果。

應對不確定性的第三種方式就是本書所討論的信任。信任是相互承諾及合理期待，它所標幟的不只是個體間私人交往關係，更重要的是一種共生共

第三節 信任的本體論意義

在的存在典型。信任使我們簡化了複雜性，為行動建立起可依靠的立足點；在面對未來以及其他具有更大不確定的複雜情境時，信任提供了保障。透過信任，我們與他人建立起良好的合作關係，並獲得了存在的安全感。這也是一種對不確定問題的實踐的解決。

事實上，宗教在心理上可能與各任何力量所代表的信任機制相連，其方式是它們直接表述出對父母形象的信任（或這種信任的缺失）。

事實上，在任何「正常的」經驗背後，我們都會發現信任，其他人也共享了這種相同的期待模式。以上的兩種解決方式中固然有對信任的排斥（如控制），但也要依託於信任，或需要與信任互補。對神的信仰就是一種信任的形式。契約論本身也是一種信任的形式——更準確地說，一種制度信任——儘管它建立在不信任的前提之上。而現代性制度即是一種信任機制或制度，它的穩定化又以可信和被信任為先決條件——如盧曼所說，「既是保障，又是先決條件」——其作用的有效發揮「依賴於信任」。紀登斯指出：現代性制度的特徵與抽象體系中的信任機制密切相關。在現代性條件下，不論從日常事件突發性（風險）的角度看，還是從組織社會實踐的知識的反思性角度看，未來總是開放的。現代性這種反事實的、面向未來的特性，在很大程度上，是由屬於抽象體系——其本身的特性中滲透了業已確立的專業知識的可信任性——中的信任建構而成的（紀登斯，2000年，第73頁）。普通人必須相信所有那些在政治、經濟、技術、科學領域中代表其利益而從事「代理性活動」的人。人們不僅依賴他們來計算日常生活和活動中的得失，也「從各種彼此孤立的事件的既定普遍性中獲得安全感」。特別是在今天這個全球化時代，我們的世界已經變得非常相互依存，信任既是時——空延伸的條件，也是合作的重要條件，還是日常生活中安全的普遍性條件。為了應付「風險社會」帶來的問題，也需要擴大信任的儲備。對信任的需求極大地增長了。

總之，隨著認識和實踐的發展，我們也發現更多的事物是不確定和不可控制或不可完全控制的，控制論的創始人維納就把確定性稱為「不確定海洋中的一個個小島」。不確定性和複雜性，並非簡單地就是缺乏對未來的認識和控制的後果。人們不能期望，科學技術（包括認識）的發展能夠將所有的

事物都變得完全透明，都處於我們的嚴格控制之下。而且，控制不僅不能完全消除不確定性，它還有著自身固有的缺陷。試圖把所有不確定性納入確定的因果鏈條，既不可能也不現實。控制還帶來了新的不安全因素——風險社會就是一個很好的例子。我們越努力控制未來，越有可能出現讓我們意想不到的事情，「世界沒有越來越受我們控制，似乎是不受我們控制成了一個失控的世界」（紀登斯，2001年，引言，第3頁）。

一個能夠促進良好合作關係和秩序的社會，應該是這樣一個社會：它能夠給予更少的管理和更多的自由，激發其公民的活力和創造性；能夠應付更多複雜性和意外事件，並提供更強的生存安全感和滿足感。信任正是在控制力所不及之處發揮了關鍵性的作用。不僅「當其他手段——尤其是國家透過懲罰性規則進行管理以及市場的無意識協調——完成必要的和適宜的社會工作受其能力的限制時，信任就能充當有效的社會協調手段」（沃倫，2004年，序言，第3頁），尤其是在與「他人」、「他者」的交往中，信任的作用是無可替代的。

控制和信任兩者互補，我們需要信任，也需要透過制度化的控制、激勵等來防範其中的風險。但兩者相比，信任的地位應該更為基本——它植根於我們的存在，或者說更具有本體論意義。

二、信任本體性安全意義上的「信任」

與「存在性焦慮」相反的是「本體性安全」，它是指生存上的可靠、可依賴，包括行動的可預期，以及歸屬感。紀登斯說：所謂本體性安全，就是指「大多數人對其自我認同之連續性以及對他們行動的社會與物質環境之恆常性所具有的信心。這是一種對人與物的可靠性感受」。本體性安全與「在世界中的存在」有關，它來自生活世界，是一種原初的而非認知的現象。信任也具有這種原初的性質，透過「存在性焦慮」與「本體性安全」這對範疇，紀登斯把我們引向對信任的本體論意義的討論。紀登斯說：信任的對立面是什麼？很明顯，在某些情況下，缺乏信任可以被恰當地稱為「不信任（mistrust）」；「但是，當我們用『不信任』來指稱與基本信任——對社會與物質環境而建立起來一整套關係中的關鍵因素——相對應的概念時，它就顯得

第三節 信任的本體論意義

太弱了。信任的建立在這裡恰恰是認同客體與個人明顯特徵的條件。如果基本信任沒有得以建立，或者，內心的矛盾沒有得到抑制，那麼，後果便是存在性焦慮的持續，因此，從最深刻的意義上說，信任的對立狀態便是這樣一種心態，它應被準確地概括為存在性焦慮或憂慮」（吉登斯，2000年，第87頁）。信任的重要性就在於，它不僅構成了本體性安全感的基礎，而且在心理上信任與本體性安全也彼此密切相關。

紀登斯援引艾瑞克森（E. Erikson）對嬰兒與其照料者的互動關係所做的精神分析，說明信任的形成及其原初地位。在嬰兒很小的時候，信任即為經驗的交互性。嬰兒逐漸習得對照料者既依賴又關心，同時也學會必須以照料者認為滿意的方式提出自己的要求，而且知道照料者們也期望著嬰兒自身行為中的可依賴性與可信任性。這裡重要的是他人、他物存在的「真實性」意識，它是可依靠、可信賴，亦即本體性安全的基礎。信任對於嬰兒而言，是容忍照料者在時間與空間上缺席的能力。信任形成之初的一個基本特徵，是確信照料者還會回到身邊。母親的缺席並不代表失去愛，當嬰兒意識到這一點時，便確立起了對他人既信賴又獨立的經驗感受。反之，如果缺乏經常性照料所包含的慈愛和關懷，幼兒就不會滋生出對於他人或他物的「真實性」（reality）的意識。異常舉止或退縮行為所體現的，是孩子無法應付不確定和帶有敵意的環境，在這樣的情況下，內在可信任性的缺席正好映射出外部世界的不可靠性。

這種情況在成年人身上亦同樣存在。成人在日常生活中透過對所熟悉的生活環境的體驗，能夠感受到一種生活中的連續性與慣常性，它使得成人在能夠對日常生活做出合理預期的同時，感受到存在的安全性。如果這種可連續性與慣常性的東西不存在了，一切變得不可預期、不可信賴，焦慮就會襲來（紀登斯，2000年，第84-86頁；紀登斯，1998年，第40-46頁）。這就是信任危機。

所以，信任消除了在時間和空間上的距離感，因此也阻斷了種種存在性焦慮（existential anxieties）。在個人的早期發展過程中，對周圍環境的真實性、可靠性和穩定性、連續性的認識，也就是安全感的獲得，是從對個人

的信任開始的。幼兒照料者的愛撫中所含有的信賴，是基本信任——以及以後所有形式的信任——中所蘊含的承諾的本質。此後，它以各種形式建立起一種持久存在於生活中的信任他人的需要。而這對自我認同之連續性的形成也特別重要。正如艾瑞克森所強調的，相信他人的誠實是自我誠實和可靠感的一種最初來源。信任不僅意味著「一個人必須學會怎樣依賴外在供養者所具有的同一性和連續性」，而且也意味著「人可以相信自己」。對他人的信任與內在地構成可信任性交互培育，這又奠定了自我認同的穩定基礎（紀登斯，1998年，第57頁）。

伽芬克爾和其他人對日常交談和相互交往細節的研究還表明，在基本信任的構成中，人們不只是懂得了日常生活中的常規、誠實與報償之間的相互關聯。他們所掌握的，還有極其複雜的在實踐意識上的一套方法，這是一種抵禦焦慮的持續性保護機制（儘管它充滿了破碎與分裂的可能性）（Garfinkel, 1963）。紀登斯也指出，這種「『正常的』個人在其早期生活中所獲得的基本信任的『劑量』」，就像「接受了一種情感疫苗」，還可以對抗所有人都有可能感染的本體性焦慮（紀登斯，2000年，第82頁）。

信任的建立構成對社會秩序、一個自由的「他我」存在的基本問題的有利解答。在信任中（或透過信任）世界變得相對簡單和確定了。人們不是將自己武裝起來對付他人在各種可能性的全部複雜性中的不可預期性，而是試圖透過集中力量，創造和維持相互的信任關係來應對不確定性和減少複雜性，並就當前比較狹義地規定下來的問題，從事有意義的行動。由此，這個環境提供的機會也就會比較好地得到利用。一切交往，一切可感覺到的行為形式，都假定了某種程度上的信任。

第四節 跨越鴻溝——信任如何應對不確定性

信任要應對不確定性，而且信任這一行動本身也具有不確定性——信任者自願把自己的利益託付給他人或者置於他人控制之下，甚至可能是在沒有得到受託人任何承諾的情況下就把某些資源託付給受託人，可是其後果卻不是當下即刻能見到的。這裡有很多偶然性和不測性，被信任者還有可能濫用

信任和背信棄義。此外，信任本身還存在晦暗性，尤其是在現代，很多情況下我們是在與陌生人，或與某些社會機構打交道，他（它）們往往是不在場的；而社會組織和技術系統的複雜性，也越來越超出人們對其的理解和控制能力。我們面對的好像是一個巨大的黑箱，而我們的需要和利益越來越依賴它的正常運行。因而，信任是一種甘冒風險的行為。正如托馬斯（Thomas）所說：「信任是有風險的」（Thomas，1978，p.93）。

一、信任的理性和感性基礎

信任是一種有風險的行動，需要有一定根據——用齊美爾的話說，出於有益的原因（齊美爾，2002年，第111頁）——它足以為一個實際行為提供立足點。因此，對信任研究的一個重要方面是解釋域，即信任的根據問題。

1. 信任的理性基礎

信任總是從已有的根據出發，在一些作者看來，它是基於理性的判斷。這裡的理性概念至少有兩種含義：知識論意義上的理性，即建立在知識與證據之上的理性；經濟學中談論的理性，即個體利益最大化。

（1）認知理性作為根據

以認知理性作為信任根據的典型表述是：「一個很自然的關於信任的提法就是：一些人是可信的，所以能被信任；被信任者的特性（這些特性不依賴於我對他的信任，甚至不依賴於我與他的關係）及其未來行為的可預測性使得我信任他」（Yamagishi，2001，p.124）。這裡面包含了兩類認知，一類是關於被信任者的可信性（比如被信任者的信用、信譽以及被信任者的人品等，主要指向被信任者的行為歷史）；另一類是對被信任者未來行為的預測（諸如信任未來可能行為的機率問題）。而且，人們常常是根據他人的一貫表現來推測他未來的可能行為。

信任的前提是他人的可信性。「信任被看作是基於信任者對被信任者可信性的感知基礎上所做出的理性的，或者至少是合理的選擇」，「我們應在付諸信任之前評估他人的可信性」（Möllering，2006，p.13）。信任總是建立在我們對於他人的可信性評價基礎上，信任的理由被歸結為信任者獲得

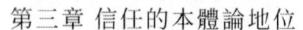

的關於被信任者一定的知識和資訊。這種觀點可稱為「可信性考量」，即透過考量被信任者的可信性來研究信任問題（Hardin，1996，第26頁-42頁）。當然，這種知識和資訊可以是真的也可能是假的、正確的或錯誤的；然而沒有這種知識，信任就是盲目的，被背叛的可能性是很大的。在付出信任之前，有必要對一個人是否值得信任進行考察。

信任是把自己的利益寄託在他人未來的行動上。信任會不會落空，信任者的利益能否得到保證，取決於被信任者未來的行動。這樣，尋求信任的可靠性就包括了對他人的未來行為，有時還有對未來環境變化的預測。因而，信任與機率和預測聯繫在一起，迪亞戈·甘貝塔給出的關於信任的經典定義就是，信任是一個行為體評估另一個或一群行為體將會進行某一特定行動的主觀機率水平，這種評估先於該行為體對此行動的監控之前，並會影響到該行為體自己的行動。信任的根據就是來自於對於他人可能做什麼的預期，乃至將信任的根據看作關於一個人的性格，或者可能行為的理性信念。「當我們說我們信任某人或某人值得信任時，隱含的意思是，他採取一種對我們有利或至少無害的行動的機率很高，足以使我們考慮與他進行某種形式的合作」（Gambetta，1988，p.217）。這樣一種前瞻性的理性預測對於信任而言確實有著積極的意義。當以這樣一種理性預測作為信任的根據時，信任行為更加牢靠，信任的風險減少了，成功的可能性更高。

然而，嚴格意義上信任不是一種認知，而是一種活動，是主體間的交往和互動。單純從認識的角度研究信任，把信任的根據完全放在認知上，並不能解釋信任本身，也忽略了信任的主體性和社會性。

當我們過分地追求對可信性考量的時候，會發現陷入一個矛盾中：我們只有確定他人可信之後才能付出相應的託付行動，但是我們永遠無法完全確定他人是否是可信的，因為信任乃是寄希望於未來，而未來總是不確定的。更重要的是，信任應對的是不確定性，它不是也不可能完全消除不確定性，或者使未來完全處於當下的控制之下。在「可信性考量」中，不確定性被一再降低或者削弱，直至最後，當達到最可信時或者完全確定的狀態時，就已經不存在信任問題了。機率性預測包含了不確定性，但是在機率論中，事件

第四節 跨越鴻溝——信任如何應對不確定性

的發生是不確定的,但其發生的機率卻是確定的。因此,預測事件發生的機率仍然是一種尋求確定性的思路。在一定意義上說,它仍然屬於認識論的範疇。認知是必要的,但信任不是完全建立在認識論的基礎上,我們也不完全是基於認知去信任他人,「信任總是處在對一個人的知和無知之間」(齊美爾,2002 年,第 111 頁)。正如盧曼所說,「理由和觀點非常精確的表達」與信任是不協調的:它可能喚起不信任,「因為提供詳盡的實際資訊和專門的論證,就是否認信任的真正功能和方式」(盧曼,2005 年,第 39-40 頁)。如果將信任的根據完全寄託在認知理性之上的話,那麼我們就會將信任消解掉。

對一個確定無疑的東西,也就無所謂信任還是不信任。之所以會產生上面的問題,很大程度上是由於完全侷限於傳統的理性或知識論的範圍來考察信任的根據。傳統的理性總是要求我們首先清楚明白地(或確定無誤地)認識對象,隨後將其置於自己的控制之下。這樣信任就演變成了一種控制。

對社會事務的控制與信任是相區別又互補的兩個概念。科學技術和人類認識的發展,極大地增強了人的能力,但是這不意味著我們能夠完全消除不確定性,或把未來完全置於當下的控制之下,更不意味著能夠用對人或事物的控制取代作為一種社會機制的信任。相反,隨著不確定性和複雜性增加,對控制和信任的需要都在不斷增長,它們既對立又互補。信任不能被還原為控制,對於程式固定的機械過程無所謂信任的問題;當一個人的行為是完全確定的時候,我們也根本沒有談論信任的必要,信任是在確定性和控制不能起作用的地方出現。

(2) 以計算理性作為信任的基礎

計算理性是一種經濟理性,它考慮的核心是個體利益的最大化。在計算理性看來,信任是一種面臨各種可能行為結果時,以自我利益最大化為原則的理性選擇問題。在這個意義上,計算理性也可以看作理性選擇(Dun,1988,第 73 頁、第 80 頁)。按照這種觀點,信任或多或少是一種有意識地選擇用以對付其他人或者其他機構的自由策略。換言之,信任是信任者和被信任者之間基於個體利益的博奕:透過對可得資訊的理性計算,力圖使

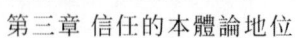

效用最大化。最簡單的信任關係涉及兩個行動者：委託人和受託人，如果受託人值得信任，委託人透過付出信任而獲得的利益就大於拒絕信任而獲得的利益。另一方面，對被信任者來說，在他隨後的行為中，賦予他的信任必須得到尊重，他自己的利益則放在一邊。這樣，信任本質上是對被信任者自利行為的理性預期，參與其中的每一方都被這種理性計算所驅使，並考慮他人相似的計算理性（Hardin，2001，第3頁-7頁）。威廉姆森也把信任解釋為計算，即權衡信任失敗可能帶來的損失以及信任成功可能帶來的收益（Williamson，1979，pp.233-261）。而在一次性的計算理性沒辦法解釋在某次行為中守信沒有帶來好處的情況下，他們將訴諸長遠利益的觀點，認為在某次行為中守信是為了維持長遠的關係，以便帶來更多的利益（Hardin，1991）。

博弈論是一種研究信任的理論工具，它把信任看作一種風險行動。博弈論直接引入了利益計算，以此為根據的話，信任的效用將會更大。在很多時候，我們是否付出信任確實要進行這種利害權衡。比起可信性考量，博弈論更明確地假定人們之間是會互相欺騙和傷害的，會為了謀求更大利益而背信棄義，從這一假定出發是建立可靠的信任關係的必要途徑。此外，博弈的概念還反映出人的行動的一個重要特點：我們總是根據當下的情境、根據對方的行為來決定或調整自己的下一步行動，這也是信任的一個特點。因此，計算理性或者博弈理性作為信任的根據有其合理性。

但是，博弈更多時候是出於不相信和防範；而且，這種計算理性建立在自利價值觀的基礎上。由此出發看待信任，信任就成為每個人都單純按照自己的利益行事的行為，變成了一種利益博弈，一種冷酷無情的行為。我們並不否認個體利益，也承認個體利益是大量的社會聯繫，乃至制度設計的出發點。但是在信任中包含著（也要求著）更多的東西，例如彼此的善意、真誠的關愛等等。信任是人與人之間的相互依賴，這種相互依賴具有本體論的性質，因為人是社會的動物。信任——對他人的這種依賴——反映了信任者的脆弱和他人關懷的可能性。我們的利益大部分要依靠別人來實現，我們對他人的依賴意味著他人會做出有利於我們的行為，至少不是有害於我們的行為；但這是一種共存共生的關係，而不是把別人作為實現自己利益的工具。馬丁·

霍利斯就指出，理性選擇理論中的理性是以個人主義為中心的理性，這種理性不足以為信任行為提供根基（Hollis，1998，pp.4-5）。

因而，當我們把信任完全看成是利益博奕時，就已經不全是信任了。威廉姆森就曾指出，計算型信任是自相矛盾的陳述，在經濟交易中沒有信任的位置（Williamson，1993，pp.458-486）。盧曼也指出：「信任不是一種為了特定目的而選擇的手段」（盧曼，2005年，第124頁）。從個體理性的視角，我們很難推出信任他人的可能性。把信任完全理解為一種計算，也是當代社會信任危機的一個根源。

總之，討論信任的認知基礎無疑是有意義的，但是信任又不完全是一種認知現象。信任的形成不像是信念那樣建立在客觀的觀察和預測上，正如齊美爾所說：「幾乎很少有什麼關係能夠建立在對他人確定的認知之上。」（齊美爾，2002年，第111頁）。它甚至可能表現為不假思索、粗疏隨便和墨守成規（盧曼，2005年，第31頁）。無論是計算理性還是認知理性都面臨著困境。信任是面向未來的、不確定性的，這種不確定性無論是計算理性還是認知理性都無法絕對地排除。甘貝塔注意到「如果證據（資訊）能夠解決信任問題，那麼信任根本不會成為問題」，他認為，信任「不是在證據的基礎上推斷的，而是在沒有相反證據的基礎上推斷的」（Gambetta，1988，pp.233-234）。盧曼也認為信任不是一個理性的範疇，我們僅能透過信任是被尊重或者打破這一事實來判斷信任是否是合理的。而以上事實只能在信任被付出了之後才能發生。關於信任的決定，不可能建立在恰當的知識之上（盧曼，2005年，第32頁）。

從根本上來說，信任的形成是信任者與被信任對象之間的交往和互動，這種互動有認知的成分，但更多的是一種行動以及情感關聯。人們不是將自己武裝起來對付他人在各種可能情況下的不可預期性，而是試圖透過創造和維持相互的信任關係來應對不確定性，以從事有意義的活動。

2. 信任的情感基礎

構成信任基礎的除了理性外還有情感。一些學者把信任基礎完全歸結為情感。另一些學者，如劉易斯（J. D. Lewis）和維格特（A. Weigert）在關

於信任的認知基礎和情緒基礎之間做出區分，認為它們根據具體的情形在行為中被激發。他們在「有益的原因」中添加了一個情感的元素——沒有它，適當的信任不能發生（Lewis & Weigert，1985，p.968）。

關於信任的情感基礎，一個比較常見的觀點是將信任看作一種典型社會心理學的人格特質。什托姆普卡認為信任的基礎是「一種人格驅動力，信任者的一種品質」，這種品質是「作為在健康家庭的親密的、關愛的氛圍中成功社會化的產物而出現」（什托姆普卡，2005年，第102頁）。很多學者將以此為基礎產生的信任看成是一種「基本信任（basic trust）」（紀登斯，1998年），或「信任衝動（trusting impulse）」，隨著人們人生經歷中伴隨信任的愉快生活經驗增加，這種基本信任傾向也會增強。基本信任一旦在頭腦裡確立，它就變成了一種固定的情感傾向了。

作為一種固定的情感傾向，它是不直接受制於理性控制的。相反地，它比理性的思考更為基本。首先，情感構成了與其他人發生信任關係的基礎。人和世界打交道的方式首先不是理性的，人首先要感覺周圍事物，事物觸動了人，之後人才會認識事物。從存在論的觀點看，情感是一種原始性的存在方式，它先於一切認識和意志（海德格爾，1999年，第159頁），信任不是（或至少不完全是）分析已有的資訊從而獲得將會發生什麼的期待，它是以某種捲入其中的方式看待和理解資訊，這裡首先就是情感的投入。再者，信任者與被信任者的互動中也有情感的投入。

信任的情感基礎包括了「由愛和友誼引起的可信性行為」（Rose-Ackerman 2001，pp.11-12）。芭芭拉·米茨塔在其專著《Trust in Modern Society》中專門有一章「trust as passion」（Misztal，1996，pp.157-207）來論述信任的情感關係基礎。在這部分她具體論述了在家庭、友誼和國家忠誠情境下的信任關係，指出愛、友誼和忠誠是信任的牢固和重要的基礎，這些情感內在地包含了信任的成分。

情感影響我們看待世界的方式。情感能夠在某種程度上組織我們的意識活動：它促使我們以某種特定的方式來觀察和判斷世界。這不是一種特定的意向性內容，而是一種「呈現方式」：使世界以某種方式呈現在我們的面前。

第四節 跨越鴻溝──信任如何應對不確定性

面對同樣的經驗事實，人們可以有完全不一樣的判斷。常常可以見到的是：不是事實決定了信任，而是信任決定了相信什麼。由於帶有情感傾向，信任就與一種特殊的看待世界的視角聯繫在一起（Bernd，2001，p.173），齊美爾把信任看作情感，並且把信任和宗教信仰的情感因素做對比，正是基於此一原因。

盧曼也看到了這種作為風格的情感基礎對信任的影響。「作為某種內在的條件，使對某些事物的信任態度形成特定風格的可能性增加。其實，這種風格，一般來說對信任問題有影響，因為它既與不信任也與信任有密切關係。譯成帕森斯的『模式變量』的概念語言，信任和不信任，通常會被看作情感的（非中立的）和瀰散的（非特定的）態度，按照其對象給出的方式看，是特殊的（非普遍的）和先賦的（非自致的）。所以，信任與對象的關係，不依賴特定的個人利益與經驗背景，不顧它會與之相關的特殊事態而出現。舉一個典型例子，無論在什麼地方，信任者遇見現實的個人，不管他們各自的角色背景如何，對這個特殊個人的信任都會被激發。但是，甚至對比較抽象的功效結構的信任，例如，對貨幣價值的信任，預先假定與對象同樣具體的關聯，如果它要成為信任，而不是以經驗為基礎知識的話。只有透過對象的仲介，信任才成為符號方面可控制的，我們將在下文詳述這種方式。所以，信任是一種態度，這種態度既不是客觀的，也不是主觀的；它不可能轉換為其他對象或者其他信任者」（盧曼，2005年，第36頁）。

這種信任的衝動可能是具體的也可能是一般化的。它可能指向某一類特殊的人，也可能包括所有人。在後一種情況下，它經常把世界與這種概括化的、普遍性的傾向──比如樂觀主義、開放主義、行動主義、未來取向、成就取向等──聯繫起來。瓊斯（Jones）認為信任的情感基礎是一種樂觀主義的態度，對被信任者的善良和能力的樂觀主義。同時，還對被信任者會考慮信任者的利益抱有樂觀的期待。這種樂觀的態度不主要是由關於他人可信性的信念兌現，而是與某種情感相關，這種情感就是我們看待被信任者的方式。如果A對B的善良充滿樂觀主義，期待B會考慮A的利益，那麼A與B之間就建立了信任關係（Jones，1996，p.6）。

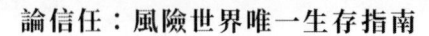

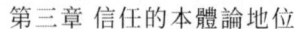

還有很多學者認為信任表現為一種自然態度，它是不需要進一步論證和思考的。在這種觀點看來，信任本身沒有理性的複雜的計算，甚至信任者無法意識到自己在信任。也正是在這個意義上，盧曼才強調了信任簡化社會複雜性的功能。這樣信任就與例行（routine）、路徑依賴（path dependence）、生活世界、自然態度等詞彙有密切關聯。當我們信任某人或者某物時是不需要理由的，一旦我們要求理由的時候信任就出了問題。這種觀點固然有一定的道理，但它使信任陷入了盲目性和非理性，同時也使信任與粗心大意、愚昧（這兩者也具備不算計、不操心、不設防的特性）混同。其實，並非所有的信任（比如上文中提到的以明顯期待形式出現的信任）都表現為一種想當然的狀態，而且即使是一種想當然形態的信任，也有著它的社會交往、心理學和文化價值的沉澱，從這個意義上看，信任是有根據的，而且與理性之間有著一定的關聯，我們不能簡單否定信任與理性之間的關聯。

二、跨越（捲入、介入、實在化）

理性和情感都是不可避免地產生信任的有益的原因。但是，無論是試圖把信任建立在理性的基礎上還是建立在情感的基礎上，或者是把信任建立在兩者共同起作用的基礎上，它們至多是解釋了賦予信任的理由，而不是解釋信任本身。信任的前提是不確定性（以及盧曼所說的複雜性），信任正是因為不確定性才有了意義。正如盧曼所說：「儘管信任者從來不會沒有理由，而且他完全能夠說明為什麼在這些事件中表示信任的理由。這些理由實際上意在維護他的自尊並在社會上證明是正當的。它們至多用來解釋賦予信任的理由，而不是解釋信任本身」（盧曼，2005年，第33-34頁）。

這就涉及信任是如何應對不確定性的。這也需要有某種新的理解框架。

齊美爾提出了一個很有意思的命題：信任處在對一個人知和無知之間（齊美爾，2002年，第111頁）。齊美爾指出，在信任的基礎到真正稱許的期望之間，有一個跳躍，它懸置了我們的不確定和無知，從而使得解釋的知識成為可靠的。盧曼也指出：在信任中，可利用的資訊總是少於保證成功的資訊，行動者有意識地克服資訊的這一缺點，盧曼稱之為「透支資訊」（盧曼，2005年，第41頁）。

第四節 跨越鴻溝——信任如何應對不確定性

信任的理由相對於信任行為而言，總是不足夠的，總是存在著不確定性。毛勒瑞茵注意到了齊美爾的思想，他認為用「跨越」鴻溝的方式來理解信任的本質，具有重要理論意義。信任透過懸置發生作用，跨越了知與不知之間的鴻溝。

毛勒瑞茵把信任看作包含三個要素的「一個心理過程」，這三個要素是期望、解釋和懸置。期望是位於這個過程末端（結果）的一種狀態，它跟隨在解釋和懸置的結合之後。前者是指現實的經驗提供有益的原因。然而，任何形式的解釋都是有限的，並不是不可避免地使期望成為可能。因此，一種另外的要素（與齊美爾一致），即懸置的機制支撐著不可知物，從而使解釋性的知識馬上可靠。懸置使信任的跳躍成為可能。神祕的懸置實際上是強調了在信任中所包含的跨越，他認為懸置作為一種心理行為，最終產生的只是一種積極的期望。這種積極的期望解釋信任心理過程的終結。對於毛勒瑞茵來說，信任更多的是一種心理狀態，類似信心和希望。

實際上，在毛勒瑞茵之前，也有幾位研究者注意到信任的這一本性，雖然他們都未能明確地澄清跨越是如何發生的。圍繞懸置和跨越的問題，在信任的研究中形成了一條明顯的線索。

齊美爾認為在信任的基礎與實際的期望之間，存在一個弱（更弱）的聯繫，這種期望是當人類達到信任狀態時所擁有的。這裡有一種神祕的「深一層的要素」，它解釋了信任的獨特本質（Simmel，1990，p.179）。對於這個「深一層的要素」，齊美爾插入了一個長長的注腳來解釋：存在另一種類型的信賴，這種信賴位於知識和無知的範疇之外（Simmel，1964，p.318）。齊美爾在這裡還沒有直接提到「跨越」，而且對「深一層的要素」的解釋也是很不明確的。他時而將它看成是類似宗教信仰的東西，時而努力從他的概念中消除掉。按照毛勒瑞茵的觀點，這中間有個跳躍，從齊美爾有限的論述來看，這個跳躍是由信任中存在一個「深一層的要素」——一種超驗的、準宗教信仰的本性來實現。持有類似觀點的還有紀登斯。紀登斯引用了齊美爾在信任問題上的準宗教元素的精彩段落。他寫道，信任，尤其是對抽象系統的信任，依靠模糊的和局部的認識。紀登斯指出，信任之不同於弱歸納性知

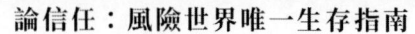

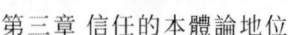

識，它意味著對「承諾（commitment）」的一種「跨越」，一種信仰的品質，這是不可化約的（紀登斯，1998年，第20頁）。在傳統社會以及早期現代社會，這種承諾更多地被標示為對環境習慣的、被動的接受，而不是信仰的積極跳躍（紀登斯，2000年，第89-92頁）。這暗示了齊美爾的「深一層的要素」與紀登斯的本體性安全和基本信任之間的聯繫。紀登斯呼籲，在晚期現代社會，積極的信任將被要求（貝克、紀登斯、拉什，2001年，第236-238頁）。米茨塔對齊美爾的解釋在很多方面類似於紀登斯，尤其是她強調超越「有益的原因」的信仰元素。這些學者都注意到了信任中存在的跨越不確定性鴻溝的問題，他們都或多或少地將這種跨越的實現歸結為一種類似宗教信仰的心理準備。

盧曼把基於信任行動的基本原理看作一個趨向「不關心」的運動：透過引進信任，某些發展的可能性可以不用考慮（Luhmann，1979，p.25）。信任的策略就是，它透過系統內部的普遍化減少了社會複雜性：「系統用內部的確定性代替外在的確定性，因而提升了它對外部關係中不確定性的耐受性」（Luhmann，1979，pp.26-27）。但是盧曼認為信任明顯不同於希望（hope），間接地不同於信仰（faith），因為它反思偶然性，而不是忽略它（Luhmann，1979，p.24）。波吉（Poggi）寫道，盧曼認為對複雜性問題的成功反應，典型地來講，並沒有消除複雜性，而是減少了複雜性：也就是說，在某種意義上保留它，使它可以忍受（Luhmann，1979，px.）。有意思的是，波吉暗示出盧曼很可能用到了黑格爾的「揚棄（aufhebung）」觀念：超越主體與反主體的綜合辯證原則。而實際上盧曼認為我們正在找尋的信任的內在基礎不在於認知的能力，而是一種系統內部的懸置（Luhman，1979，p.79）。而且，他所說的「透支的資訊」，是選擇的一種獨特的形式。

以上的分析表明，盧曼把信任看作功能上是理性的，但認識論上和本體論上似乎是超驗的。可以認為盧曼不僅利用了齊美爾關於弱歸納性知識形式的概念，也看到了信任中解釋的失敗，於是將信任的本質包含的一種深層因素看成是在順從自我中表現出來，或者是意志的一種作用（Luhmann，1979，p.32）。信任在功能上是理性的，而在本體論和認識論上似乎是超驗的，比如他說「信任依靠幻想」，或者「行動者樂意超越這種資訊的赤字」。

第四節 跨越鴻溝——信任如何應對不確定性

假如盧曼用到《貨幣哲學》中的那個段落，或者《社會學》中的注腳，那麼與齊美爾認為的信任的超驗屬性的潛在聯繫也許會非常明確。實際上，盧曼是將「跨越」或者他說的「懸置」，交付給了一種心理的意志力，在主體內部將不確定性消解了。這是一種主觀化的處理，其中伴隨著對偶然性的反思。對偶然性的反思和意識是一種風險意識，他認為信任就是有意識的冒險。

劉易斯和維格特把信任描述為一種為了減少複雜性的理性預期的功能性選擇，實際上，信任在理性預期失敗的地方成功，因為去信任就是去生活，就像某些理性可能的未來將不會發生（Lewis&Weigert，1985，p.969）。因此，信任比預期更快地、經濟地和完全地減少了複雜性。信任使得社會交往在一個簡單又可信賴的基礎上進行。在信任缺乏的地方，被偶然的未來帶來的巨大複雜性將會再次使行動癱瘓。為了揭開這個謎底，即「信任在預期終止的地方開始」（Lewis&Weigert，1985，p.976）這樣一個現象，劉易斯和維格特在關於信任的認知基礎和情緒基礎之間做出區分。因此，他們採用了「混合的知識和無知」以及「有益的原因」的觀念，但為它添加了一個情感的元素，沒有它，適當的信任無法發生。「日常生活中的信任是一個感覺和理性思考的混合物」（Lewis&Weigert，1985，p.972）。劉易斯和維格特為「更深層的要素」貼上了情緒的標籤，把齊美爾的觀點推進了一步。經濟學家凱因斯也強調了情緒對跨越不確定性的重要意義，他認為行動者對當下的狀態最有把握，但是行動必然地要超出當下的狀態，起作用的行動結果總是出現在行動發生之後。換句話說，所有的行動都是以對未來期望的方式實施。在這種情況下，嚴格地說，導向選擇的計算是不可能的。未來是未知的，因此就沒有用來計算關於未來的資訊。但是，很多行動者覺得他們能夠計算（以一種弱的方式）。凱因斯給理性主義留下了很少的空間，反倒是給情感主義留下了很多的空間。

在行動和理性的問題上，行動者對現在的事實狀態感覺安全，從而形成了一種長時期的期待（凱因斯，1997年，第131頁）。在這一簡單的陳述中，凱因斯指出了一個顯著的矛盾：信心，作為行動的基礎，將未來帶到了現在，它是透過一種心理機制做到這點的，在這種心理機制中，從現在到未來的「逆向反射（reverse projection）」（Barbalet，1996，p.85）發生了。經濟

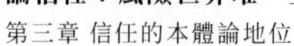

行為者透過一種建立在反射基礎上建構的、虛構的理性（rationality）面對不確定性，而不是一種計算理性。如果行動不是建立在計算的基礎上，那麼它的來源是什麼呢？凱因斯認為我們大部分的積極行為是取決於一種自發的樂觀主義精神，而不是一種精確的期待。他說：「人之積極行為，有一大部分，與其說是決定於冷靜計算（不論道德方面，還是苦樂方面或經濟方面），不如說是決定於一種油然而生的樂觀情緒。假使做一件事情之後果，須過許多日子之後方才明白，則要不要做這件事，大概不是先把可得利益之多寡，加以權衡，然後再決定。大多數決定做此事者，大概只是受一時血氣之衝動——一種油然而生的驅策（動物精神，animal spirits），想動不想靜」（凱因斯，1997年，第138頁）。對凱因斯來說，在缺乏深思熟慮計算結果的情況下，行動的來源是情感和激情，或者說笛卡爾的「動物精神」。

透過上述的回顧，我們會發現以往的學者都將信任中跨越不確定性鴻溝的任務寄託在主體的心理上，認為面對不確定性，人們只要心理上獲得足夠的安全感就能邁出行動的步伐，從而應付不確定性。準宗教信仰、意志、能動的心理懸置、情緒等，作為一種心理狀態，它們永遠只是作為信任行動的準備，需要培養和蓄積的心理能量，透過這種準備，信任主體有充分的心理能量或者資源跨越不確定性鴻溝。與關注信任的理性或感性基礎不同，他們關注的心理與行動的關係更加密切，而且，他們這種關注都注意到了信任本質中包含了跨越不確定性鴻溝的過程。

我們認為，當人們對「更深層的要素」貼上情緒標籤的時候，實際上已經進入到了對不確定性的嚴肅思考。情感衝動對信任行動的積極影響，表現在信任作為一種特定的看待周圍人和事的方式，這種方式使我們易於產生對周圍人和事的積極期待，從而能讓我們形成一種與他人合作的衝動，並產生信任行動。很明顯，情緒與行動構成了一個連續系統。當將信任描述為一種情緒的時候，實際上是進入到了廣泛意義上的對行動的理解中。信任作為一種行動，像其他任何行動一樣，很多時候需要情緒的非理性因素來驅動。齊克果的存在主義哲學認為，單有理智思考不足以引發行動。必須有結束這一思考歷程的決心，而且這決心必須由激情來產生。形成一個人自我的這種激情，被他指為個體的內求性（inwardness）或主體（subjectivity）。最重

第四節 跨越鴻溝——信任如何應對不確定性

要的激情如愛情和信仰,並不只是偶然、結合當下情境發生的,它們必須是被培育和養成的。這種觀點提示我們信任跨越不確定性鴻溝的具體過程與行動和實踐之間有著密切關係。

需要指出的是,與上文提到的那些學者不同,我們不是侷限在個體心理和意識層面來討論如何理解信任與不確定性的關係。我們認為,信任對不確定性的跨越除了一種心理準備,需要行動的捲入、介入,還要有一個互動和實在化的過程。正如恩格斯批判休謨因果懷疑論時所指出的,我們對因果認識不是基於我們的心理習慣和想像。雖然有規則的重複出現不能證明先出現者是後出現者的原因,但是人類的活動對因果性做出了驗證(恩格斯,1984年,第98頁)。

其實,盧曼已經注意到了信任中實踐因素對不確定性的跨越。不管人們的理性如何強大,人們不可能根據對行動後果的可靠預測來指導所有的行動,但是可以根據成功(或不成功)的結果而受到鑑別。這恰恰是因為,正確的行動不可能事先在細節上充分地加以辨別。成功或失敗——如果它確實要出現的話,那也要到行動過後才顯現出來,雖然之前必有承諾。信任是對成功做了提前的預支,在與被信任者的相互作用中調節它、修正它,努力促成它或撤銷它。信任正是這樣駕馭曖昧不清的情況——換言之,簡化複雜性——從而克服了不確定性難題(盧曼,2005年,第32-33頁)。該過程要求共同的承諾,並且只能由捲入其中的雙方,按照固定的次序,信任者在前,被信任者在後,對它加以檢驗(盧曼,2005年,第56頁)。例如當我信任一個銀行經理人的時候,我會將自己的基金交給他來運作,當我準備將基金交給他運作之前,我對是否盈利是沒有充分把握的。也許有某種心理準備來跨越這種不確定性,比如透過多次的打交道,或者很多人推薦他,我從心理上克服了他可能沒有能力或者會捲走我的錢的顧慮。但是不確定性的跨越,最終是在我將基金交給他運作的那一瞬間實現了。

我們想進一步強調的是,這裡的捲入是信任者和被信任者雙方的,即,對對方的反應做出反應,調節自己的行為;所以盧曼和紀登斯都強調,信任中包括了反思。而且這裡的反應又不是被動的應答,而是積極的、主動的和

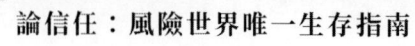

開放的,其中包含著進一步發展的探索或趨向,因為信任和被信任都是出於存在的需要。

於是,在這一循環反饋中,更多的新內容增加進來了。這也是一種實在化的過程。所謂實在化,透過我們的活動,使潛在轉化為實在,也就是說,透過實踐和行動的跨越,讓原本不存在的、潛在的信任成為一種實在化的信任關係,建立起了關係網絡。信任的成功或失敗往往是在信任行動付出之後產生,而且,正因為此信任的成功得益於信任行動的先行性,透過這一過程不確定性得到了現實化的處理。我們在付出信任的同時,也就是以一種捲入和介入的實踐方式參與到與他人的交往中。比如,當我走進一個辦公室,如果我對那些我不太熟悉的同事報以友好信任的態度,主動地與他們交談,我的一系列行動和話語會展現出開放的姿態,就會對周圍同事有所影響,從而,別人也會比較樂於與我交流,從而相互之間有所託付。那麼我的這一現實化的行動就跨越了不確定性,對周遭的環境會有一個積極的干預和影響,促使不確定性的態勢開始明朗化。於是,不確定性在我們的行動中被應對了。

總之,透過捲入其中和持續努力,主觀的期望、潛在的可能轉化為現實,親密關係、責任等等也得以形成。這一過程也是一個持續的反思、解釋、檢驗、批判、確定和修正的過程。信任對不確定性的處理是一種實踐式的捲入。毛勒瑞茵說,「沒有自動的邏輯把解釋(有益的原因)與信任稱許的期望聯繫起來」(Möllering,2001,pp.403-420)。我們可以更進一步地說,沒有自動的邏輯將解釋(甚至個體心理)和信任聯繫起來。信任中所蘊含的關鍵性跨越必定包含了一種實踐的努力。

第四章 信任是社會的一種基本價值

　　當我們說「信任是社會的一種基本價值」時，就對信任做了價值判斷，也就是說信任對社會而言是好的，是值得追求的一個價值目標。但是，在對「信任」的價值研究中，很多學者並不籠統地承認信任是好的。比如，什托姆普卡和戈薇爾都提到了草率的信任帶來的危害。無理由的信任（對各種獨裁者的盲目的、天真的信任）是好的嗎（什托姆普卡，2005年，第165頁；Govier，1998，p.9）？什托姆普卡還提到了信任可能帶來相反的社會效應：在黑手黨中有高度的自主抉擇，很多的合作與參與，也有熱情的互動。也有很多信任或信任文化遍及在黑社會成員之中。或看另一個例子：合作和信任的牢固聯結當然伴隨著一些種族或民族共同體的極端沙文主義，以及一些宗教團體的激進原教旨主義。我們能喜歡這種信任嗎（什托姆普卡，2005年，第175頁）？

　　那麼，我們是在什麼意義上肯定了信任的價值呢？首先，我們在這一章傾向於將信任看作一種社會中存在的氛圍，包含了人們的誠實、可信以及對他人的信任，而不是簡單地將信任看作個人持有的態度，因而，我們對信任的價值判斷就不是從個體持有態度的角度著手，不會關注所謂的「草率的信任」。其次，關於信任在沒有道德性的團體中加劇了負面後果的論述，我們認為，這種論述將價值評判的客體置換了，此時，持有該觀點的學者評價的是合作與團結的價值，而不是信任對社會運行的價值。如果將這種價值評判邏輯套用到我們都熟知的「民主」中，也會得出類似的結論：民主在一個心術不正的社會團體中反而會加劇負面後果。但是，我們大家都毫無疑問地將民主作為社會的一個重要價值。因此，我們從一種普遍存在信任的社會氛圍出發，將信任作為社會良性運作的重要價值追求。需要注意的是：在談論信任的價值時，我們並沒有涉及關於社會性質本身具有某種具體內容的社會目標（比如是服務於黑手黨，還是正義的其他黨派）。

　　從社會良性運行的角度來講，人們談到了很多價值：比如自由、正義、團結、穩定、平等。羅爾斯認為正義對社會而言具有根本性的價值，而伽達

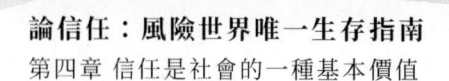

默爾則強調了團結的基礎性地位。本章第一節借鑑了羅爾斯將正義看作社會基本價值的提法，強調信任也是社會的一種基本價值，因為，信任如正義一樣，兼顧了社會個體和整體的發展。在第二節，我們將會詳細分析信任對於社會個體和整體發展的基礎性價值意義。

第一節 社會的基本價值

被稱為是社會基本價值的事物，主要指它對社會而言是必要的、不可替代的，對整個社會的存在和發展起著基礎性的支撐作用。這一支撐作用主要表現在起作用的廣度和深度以及起作用的方式上。對於社會而言具有基本價值的事物，一方面存在於社會的各個層面，深刻廣泛地影響了社會生活的各方面，另一方面，這一價值物從根本上影響和決定著社會以及社會中個體的根本存在形式（比如個體的活力、社會的互動性和穩定協調性等），而且這種影響是正面、積極的。

「正義」一詞在近現代西方思想家眼中，主要是用於評價社會制度的一種道德標準，被看作社會制度的首要價值。但是，在羅爾斯的《正義論》問世之前，大家對正義的社會價值理解是模糊的，羅爾斯明確提出了正義對社會運行和社會中生活個體的基礎性影響，將正義談成了「社會的一種基本價值」，與此相似，我們也傾向於將信任看成是社會的基本價值。作為社會的基本價值，信任對社會中個體和社會整體的發展具有基礎性的意義。

一、羅爾斯論正義的社會價值

羅爾斯在《正義論》中談到，「正義是社會制度的首要價值，正像真理是思想體系的首要價值一樣。作為人類活動的首要價值，真實和正義是絕不可妥協的」（羅爾斯，1988 年，第 1 頁）。對羅爾斯而言，正義是社會首要的、最基本的一種價值，一個組織良好的社會是一個被設計來發展成員們的善，並由一個公開的正義觀念有效地調節著的社會。（羅爾斯，1988 年，第441 頁）因此，一個好的社會是需要正義來調節的社會。

第一節 社會的基本價值

　　羅爾斯將正義與社會基本性質結合了起來。他認為，社會是一個促進相互利益的合作事業（羅爾斯，1988年，第2頁），由此，他將合作看成了是社會的基本性質。但是，他也認識到社會合作有可能產生利益衝突。「由於社會合作有可能使所有的人比任何孤軍奮鬥的人過上更好的生活，這就有了共同的利益。由於人們對他們的合作所產生的更大利益如何分配問題不是漠不關心的，這就產生了利益衝突，因為為了追求自己的目標，他們每個人都想得到較大的一份，而不是較小的一份。這就需要有一系列的原則，用來選擇決定這種利益分配的各種社會安排，保證達成某種關於恰當分配份額的協議」（羅爾斯，1988年，第2頁）。羅爾斯認為利益衝突是一個根本性的合作障礙，「正義觀的作用就是明確規定社會成員的基本權利和義務，並確定恰當的分配份額」，這樣正義觀就能造成對利益分配的調節作用，從而使得「有活力的人類群體」成為可能，在這個意義上某種形式的正義（無論它具體的觀點是什麼，但是一定要有一種關於利益分配的正義觀點）是社會存在的先決條件。「缺少某種統一的正義標準，個人要有效地協調他們的計畫以保證堅持那些互相有利的安全，顯然就會困難得多。懷疑和不滿腐蝕著禮儀的紐帶，猜忌和敵意誘使人們以一種他們本來要避免的方式行動」（羅爾斯，1988年，第2頁）。

　　另外，羅爾斯也看到了對於社會存在而言的另外三個非常重要的條件，那就是協調、穩定和效率。他論證了正義對於這三個方面具有基礎性的影響，「正義觀的作用就是明確規定社會成員的基本權利和義務，並確定恰當的分配比率，從而必然影響到社會合作的效率、協調和穩定問題。」例如，在社會生活中，社會成員的計畫必須彼此配合，以便使他們的活動協調一致，使他們的計畫都能完成，而不會使任何人的合法期望嚴重受挫。此外，這些計畫的執行應能以有效的、符合正義的方式促使社會目標實現。最後，社會合作安排必須是穩定的，它必須多少得到人們的正式同意，它的基本規則必須得到人們的自覺遵守；如果出現違反情況，應有保持穩定的力量以防止進一步的違反，並幫助恢復原有安排。這三個問題顯然是與正義聯繫在一起的。正義觀對協調、效率和穩定而言，都是更加基礎的，因為正義觀會影響這三個方面。

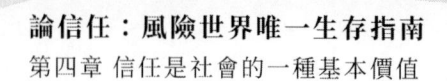

另外，羅爾斯也強調了正義對於生活在社會中個體的重要意義。正義論實際上是以權利為中心的社會理論。權利說基本上是一種個體主義的政治和社會學說，在西方政治學中一直占主導地位。權利學說賦予每個人一定的基本權利，每個人都在自己的權利範圍內獲得了行動的自由。然而，歐妮爾認為，一個人的行動必將影響到另一人的行動，所以有必要保證我們每個人都有足夠的空間來做我們自己的事情（O. Neill，2002，p.25）。一個人的權利限定了他的活動空間，侵犯權利就是侵入他人的自由空間。權利一般又都是由法律來保障，法律保護了自由和自主。「權利以一種在個體周圍設置法律柵欄的方式保護了個人，同時也將個人與他人隔開了。聲張權利就是站在了一種好戰的對立位置，將自己放在了與他人對立的位置。一個權利聲張往往是一個對抗他人的聲張，權利的話語往往充滿著衝突和暴力，比如『保護（defending）』、『戰鬥（fighting）』、『侵害（violation）』、『違反（transgression）』、『踐踏（infringement）』，權利的聲張與人性黑暗的一面緊密相連」（Nuyen，2011，pp.84-85）。羅爾斯的正義論顯然是基於權利說的，它關注的主要是對權利的分配，並以這種分配原則來架構政治體制。與權利說中的法制思想一樣，羅爾斯正義論中的政治體制架構也是一種控制形式（我們在前面提到了控制與信任的某種互補性），正義論和權利說都是對社會中不好的一面進行糾正，正如上面引文所說是來自於社會中人性黑暗的一面。這種糾正保證了人們在正義體制架構下的相互制約，對於個體追求幸福的生活目標而言具有重要的價值。

羅爾斯是從社會的合作，社會合作的效率、穩定和協調，以及個體發展的角度來論證正義在其中造成的基礎性作用，從而說明正義是社會最首要的價值。那麼羅爾斯的正義是如何造成這樣的基礎作用呢？

羅爾斯的正義論是一種關於分配的觀點和原則，這種觀點和原則強調利益的調和，作為社會的基本價值，正義促成了重要的調和作用。但是，從社會運行和繁榮、穩定的角度看，這樣一種分配原則實施主要靠的是制度上的架構，羅爾斯自己也說他的正義主要是針對社會機構的配置原則而言，所以羅爾斯的正義是以一種制度架構來調和人們之間利益分配的。嚴格地說，正義論是制度設置的理性原則。它對整個基本結構的設計規定了某些標準：「規

定制度的安排絕不能違反從一開始就有確定內容的兩個正義原則的傾向，它們必須保證正義的制度是穩定的」（羅爾斯，1988年，第28-29頁）。

二、信任同樣是社會的一種基本價值

　　羅爾斯的正義論從制度架構的角度為我們的共同生活提供了一個利益調節的宏觀視角，讓紛繁雜亂的世界有了一定的章法可循，保證了社會的合作、協調和穩定，為個體發展提供了一個良好的背景性設定。正義的架構作為宏觀的硬性制度架構是重要的，信任在社會生活中也是不可或缺的。

　　首先，信任已經廣泛深入地存在於我們的社會生活中。任何社會交往形式都無法離開信任要素。在如此多的方面，我們依賴他人，我們對他人而言是脆弱的。而且，在如此多的方面，他們沒有讓我們失望。在複雜的現代社會，在我們聽、說、購物、存錢、駕車、烹調以及從事無數的日常活動中，幾乎每個人每天都信任無數的他人。信任是「社會的黏合劑」（Govier，1998，p.6）。我們共同在這個世界上生活。在最大程度上講，當我們互動時，我們就在含蓄地信任。當然，事情經常會出錯，人們在相互的交往中會有粗心大意和敵意。但是，在正常運行的社會中，大部分的事情都運作自如。意識到這一點是具有啟發意義的，是鼓舞人心的。「離開了人們之間的一般性信任，社會自身將變成一盤散沙，因為幾乎很少有什麼關係能夠建立在對他人確定的認知之上。如果信任不想像理性證據或者個人經驗那樣強或者更強，也很少有什麼關係能夠維持下來」（齊美爾，2002年，第111頁）。「我們所看重的任何事物都是在信任的氛圍中存在、發展」（Bok，1978，p.31）。

　　而且，隨著現代化進程的發展，人們的生活越來越依靠信任來支撐。當信任的存在形態實現了制度化、客觀化以及普遍化（這裡的普遍化並非指信任在現實社會中是普遍存在的，而是相對於前現代社會針對特定個人的信任而言。）的轉變，現代社會與信任之間的關係就愈加密切。現代社會各種抽象體系的有效性是建立在人們對它們的信任之上，而且人們的這種信任是社會生活所不可避免的。我們的市場經濟更是一種信用經濟，債務關係、信用關係在市場經濟中得到長足發展，沒有信任，我們的經濟生活就癱瘓了。隨著現代化的發展，社會分工已經使得信任因素滲透到我們日常生活的飲食起

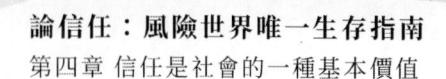

論信任：風險世界唯一生存指南
第四章 信任是社會的一種基本價值

居。由此，無論是政治、經濟生活，還是我們日常實踐的點點滴滴都與信任脫不了關係。信任已經廣泛而深入地滲透到我們日常生活中。一切交往的行為形式，都基於某種程度上的信任。

另一方面，信任在社會運行中起作用的方式具有某種根本性。相對於社會制度的架構，除了像羅爾斯對利益分配的關注，現代社會中的不穩定、複雜性也是值得我們關注的。豐富的社會生活是人們共同生活的世界，我們共同的社會可能就是最重要的社會問題。正如我們前面提到的這裡面涉及的核心問題就是社會不確定性，在共同的社會生活中，生活不確定性既包含了利益的衝突問題，也包含了資訊不對稱導致的雙重偶然性。社會生活的核心問題就是兩個以上共同活動的世界如何能夠順利地存在、繼續下去。盧曼說，信任的鞏固構成對社會秩序、一個自由的「他我」存在的基本問題的一個有利的解答。人們在彼此誠實開放的交往中建立起可靠的社會關係網絡，這一可靠的社會關係網絡應付了社會不確定性，使得我們生活的世界具有一定的穩定性，儘管信任有失落的時候，但是信任本身作為一種普遍的策略是非常可取的。信任總是有環境和歷史的（Möllering，2006，pp.51-99），信任本身包含了人們在共同實踐中的參與和磋商，信任正是在環境和歷史的作用下產生了一種譜系效應，使得信任看上去實現了某種神祕的跳躍。我們發現社會領域中的確定性是我們全體社會成員的共同努力，來自我們人自己，是人為社會立法，人為自己立法。這樣，社會領域的確定性就只有用社會成員彼此對承諾的堅貞來保證，當然這種堅貞可以是當面承諾，也可以是非當面承諾（紀登斯，2000年，第76頁）。因此，在人們的社會生活中，就必然以大量的信任作為社會生活的基礎。盧曼談到，信任是社會生活的基本事實，若完全沒有信任的話，人們甚至會次日早晨臥床不起，將會深受一種模糊的恐懼感折磨，為平息這種恐懼而苦惱（盧曼，2005年，第3頁）。信任所包含的相互承諾及合理期待，所標幟的不只是個體間的私人交往關係，更重要的是一種共生共在的存在典型。在這個最基本的層次上，信任是社會生活的自然特徵，是我們藉以過社會生活的必要條件。

另外，與正義作為規定社會制度組織性的支撐原則不同，信任則是作為社會協調性和聚合性的滲透性要素起作用。信任對於社會本質上所要求的聚

合力與融合性具有基礎性價值。正如黑爾德（Held）所說，從信任度的角度來評價一個社會，在親密關係中人們有多信任彼此？人們對經常接觸的陌生人是否有足夠的信任，從而能過一種安全和舒適的生活？人們對職業和專業角色有多少信任？人們對政府和政府領導人以及主要的機構又有多少信任？在一個社會中，人們對他人（甚至陌生人）、主要的職業者、主要的機構有牢固的信任，那麼這個社會的確是好的社會（Held，1968）。齊美爾也認為，「信任是社會的一個最重要的綜合力量」（Simmel，1964，p.318）。信任是社會的紐帶，沒有信任的社會幾乎是不可能的。

我們主要從以下幾個方面看待信任對社會存在和發展的基本價值：社會的能動性水平，互動的強烈性和廣泛性，它們的創新性、開放性和自發性，還有社會的合作性和牢固的聯結。其中，對社會能動性和創新性，我們主要從社會個體行動的層面展開。

第二節 信任對於個體的意義

信任對於社會中的個體具有重要的意義，任何個體的行動和實踐一定是在社會中的實踐，不可能脫離社會單獨存在。絕大多數的常人都不是自給自足的，幾乎每個人都生活在人群中，共同生活，互相往來是極其自然的。生活在社會中的個體，他人的行動構成了我們工作和生活的重要場所，構成了我們的世界。我們必須與他人共同生存，必須透過協同與合作才能滿足自己的絕大部分需要。然而，我們的工作、生存和幸福所依賴的那些人及其行動是完全獨立於我們的，因為他人能夠自主地選擇不同的行動，且具有其個人利益。而且，這些「他者」常常是「不在場的」（如產品的生產者），在無數場合，我們必須依靠不知名的「他者」的責任心以及效率、公正和善意，對此唯有求助於信任。信任使得生活在社會中的個體行動和實踐得以可能，信任促成了個體行動的成功，信任開發了個體活動可能的社會空間，信任讓個體更具有創新性。

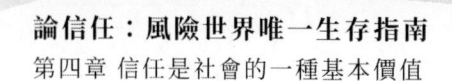

一、基本信任是個體行動和實踐的根基

　　作為本體性安全的基本信任不是一種認知的建構，而是人的一種情感，根植於無意識。「本體性安全與存在有關，或者，用現象學的話說，與『在世界中的存在』有關」（紀登斯，2000 年，第 80-81 頁）。本體性安全是一種根深蒂固的可靠性感受，鑒於安全概念所包含的不確定性特性，這種根深蒂固的可靠感「既是強健的又是脆弱的」（紀登斯，1998 年，第 60 頁）。紀登斯認為，這種本體安全感是所有文化中的大部分人類活動的特點（紀登斯，1998 年，第 40 頁）。我們假定了我們的社會環境以及環境中的人都是某種穩定、有序、連續的狀態，不露痕跡地懸置了其他的可能性，這就是一種本體性安全，是由一種基本信任支撐的。這種我們生活其中的狀態就叫做「自然態度」，自然態度中有一種根深蒂固的信任扎根其中，只有跳出這種狀態時，這種狀態中的假定和懸置特性才顯現出來。正如維根斯坦在論確定性中對熟悉感的討論一樣。胡塞爾將這種「自然態度」叫做「家園世界」，這個詞意味著在我們感覺自然而然的時候，我們感覺像是在家裡，我們很放鬆，我們很安全。基本信任鞏固了我們日常生活實踐的基礎，使我們能在大多數情況下以一種「直接」的方式與他人、機構打交道。從我們日常實踐和存在來說，家園世界具有積極意義，它的舒適安全等為我們的存在和實踐提供了根基。

　　盧曼將這種基本信任看成是我們日常生活中持有的一種普遍的非意向中的信任，它是我們日常生活的必要部分。盧曼說，每一天，我們都把信任作為人性和世界的自明事態的「本性」。在這個最基本的層次上，信任是世界的自然特徵，是我們藉以過日常生活的視域的必要部分（盧曼，2005 年，第 3-4 頁）。反之，如果我們將他人活動所構成的社會環境和物質環境的不安全性看作是自明的、常態的，那麼我們生活的「複雜性」將大大增加，以至於我們無法應付，我們將生活在深深的焦慮之中，共同生活和實踐的世界也幾乎是不存在的。

　　基本信任作為生活中的情形，我們可以舉出很多。當我輕鬆自如地在人行道上行走之時，我的行為很明顯表達了一種對其他行人不會傷害我的信任；

而在戰亂時期，我很小心謹慎地在街道上行走，我心裡七上八下，揣測著是不是會中彈，或者遇到爆炸。我的這種心理盤算表明了我對周圍社會環境的不信任。當信任以一種想當然的形式存在時，它就與我們的日常實踐有密切的關係了，是我們日常生活行動得以可能的基礎。想當然形式的信任是我們的存在性狀態，避免了行動中的大量恐懼和焦慮、操心和謀劃，為人們日常普遍的行動提供了可能的支撐。

二、信任拓展了個體行動可能的社會空間

我們行動的可能性也隨著信任的增加成比例地增加（盧曼，2005年，第40頁）。信任的半徑越長，我們行動可能的社會空間就越廣闊。盧曼說，「哪裡有信任，哪裡就有不斷增加的經驗和行為的可能性」（盧曼，2005年，第40頁）。信任對於行動潛能的開發可以從以下幾個角度來分析：

1. 信任給予者

信任給予者由於信任他人的緣故而更加積極大膽地行動，而不是故步自封，步步為營。由於我們信任那些人，認為圍繞著他們行動的不確定性和風險是低的，我們的行動是安全、可靠的，因此「行動的可能性隨著信任的增加而成比例地增加」（Luhmann，1979，p.40）。例如，「相信自己同伴的善行與在政治活動中加入他們的行列有直接的關係」（Almond & Verba，1965，p.228）。

與我們給予信任的人互動，使我們免於焦慮、懷疑和警戒，並允許更多的自由和開放。我們從監督和控制他人的一舉一動、時刻「注意他們的手」的需要中解脫出來。

如果我們需要時時刻刻花時間去監督別人，我們需要大量的精力來保護自己的既得利益，我們將天天患得患失，無法再一次邁出行動的步伐。我們必須守著自己的財產，無法再去創造利益，無法再去行動，直到我們自己所占有的利益不再時，才敢放心地去行動。

另外，由於我對他人的信任，將自己的某些重要利益交予他人看護，從而騰出精力來從事其他的活動，這樣我的活動空間就拓展了，而不是僅僅守

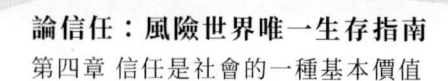

著自己已經獲得的利益不敢有絲毫懈怠。正如瑟爾沃（Silver）在談論道德秩序時的論述，「道德秩序建立在把自己封閉於『契約（covenant）』的自我約束的基礎之上。但是它實際上擴大了釋放目標（release goal）的『自由』或能力，並擴展了相互的利益」（Silver，1985，p.57）。

不信任正好帶來相反的結果。我們猶豫不決，遲遲不敢與他人互動（因此可能喪失重要的機會），仔細檢查我們的一舉一動（因此保持時刻的「警惕」），並沿著安全的路線行動（避免任何革新），我們總是在猶豫不決，遲遲無法行動，能動性、積極精神和自由的水準因此降低了。在某些情形下，社會中整體的不信任會產生悲觀觀望的情緒，整個社會的活力將下降。「因為信心下降了，為保護自己免於更大的風險和弱點，人們形成了防禦性的悲觀主義意識……他們可能具有相對封閉的心靈，好像他們已得出結論：他們的同伴並不真正關心他們或他們之間的關係，並且他們據此做出對他人的行動反應。其他人的積極行為將被看成是可疑的」（Holmes & Rempel，1989，p.214）。

從信任付諸實施之後的結果看，如果他們的期望變成現實，行動被證明是有效的（例如，如果我投票選舉一個政府，期望它降低稅收，而它確實降低了稅收，那麼我得到了我想要的）。如果所託付的東西被照看並歸還了，我兌現了我所想獲得的（例如，如果銀行明智地投資儲戶的存款，並為我帶來良好的收益，顯然比我把錢放在家裡收益更多）。在這些信任被現實化之後，我擴大了這些對象（人、機構、公司、產品等）的信用儲備，他們被證明是值得信任的，並且因此在未來是可以被信任的。相反地，如果我們的信任被背叛了，它帶來了在給予信任時所委託的資源的損失（承擔錯誤期望的行動證明是無用的，錯誤託付的東西丟失了）。因為犯了如此嚴重的錯誤，同樣也會有心理的傷痛，並伴隨著自我效能的降低。唯一的安慰是我們在未來可能知道得更多，被警告提防特定的參與者，從而有可能避免未來潛在的損失。

2. 信任接受者

信任不僅對信任者，而且對它的接受者都有積極的影響。每一個人都需要信任別人，又需要被信任（為什麼），從而形成一個複雜交錯的網絡。

信任不僅開發了信任給予者的行動潛能，而且也開發了信任接受者的潛能。「信任是重要的，被信任同樣也是重要的」（Gambetta，1988，p.221）。通常來說，給予他人信任有利於喚起他人的積極性。被授予信任雖然為行動提供了一種社會約束，同時信任接受者也獲得了廣闊的行動可能空間，因為被信任而可以從事某些相關的行動，如果一個人不被信任，那麼他在社會活動中，行動將處處受阻，甚至無法行動，如果人們不得不與他有行動的交集，那他也將處於他人的嚴密監控之下。「信任的寄予允許一個這樣的行動，對於被信任者來說，如果沒有信任的寄予，這種行動將是不可能的」（Coleman，1990，p.97）。可信性對於我們的行動是至關重要的，我們甚至可以說可信性是一種無形的資產，它讓我們可以獲得更多與他人合作的行動機會，而且在合作中，我們的行動只受到極有限的約束。我們對他人越坦誠，與他人交往就越容易，並越能維持持久的關係。在商業行為中，可信性幫商人得到了創造利潤的機遇。尤其是當代社會，我們的可信性可以幫助我們從銀行那裡提前使用我們未來行動創造的貨幣。對於一些重要的社會活動來說，獲得可信性具有關鍵的意義。比如政治家、學者、運動員、臨床醫生、記者等職業人士，以及軍隊、警察局、政府這樣的機構。

而不信任正好導致相反的結果。其他當事人的時刻警惕和控制，就相當於捆住了一個人的手腳，限制了一個人的行動自由和潛能。當一個行動者運用安全的、防禦性的行動路線與我們交往時，我們的行動受到了束縛，我們無法發揮作為行動者的能動性，它剝奪了一個人所需要的東西，這些東西因為不被信任而被拒絕給予或不被委託。總之，一個不被信任的人要忍受孤獨、焦慮，被社會生活所排斥。它導致積極性的減少、孤立和預防性的敵對行為。

從信任的結果看，一方面，信任的成功對被信任者也有重要的行動意義。最重要的是它增加可信性，這在未來的交往行動中可能帶來更多的行動空間和更多的利益（例如，政府可能再次贏得選舉，商店被再次光顧，銀行吸引

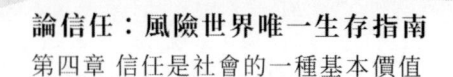

更多的存款）。另一方面，對信任的背叛雖然會帶來短期的利益（例如，透過欺騙消費者得到額外的好處），但破壞了未來的可信性並關閉了未來交易行為的可能性（例如，消費者再也不會光顧，並且壞名聲可能被傳播開來）。

3. 廣泛的社會行動者

就整個社會而言，信任使得社會交往在一個簡單又可依賴的基礎上進行，大量的社會事物也都是因信任而獲得了其實在性（貨幣和信用卡等）。當信任作為一種社會實在性的時候，它就獲得了一種對社會具有廣泛影響力的效應，人們普遍的社會活動空間得以拓展。

任何的社會都是因信任而獲得了實在性。信任使潛在的社會實在成為真正的社會實在。以貨幣為例，貨幣之所以能在日常交易中正常流通，主要是貨幣作為一種抽象符號得到了大家一致的默認，這種一致的默認是使用貨幣的人彼此之間的一種默契，人們對貨幣信用機構的信任，以及人們相信大家都會接受貨幣，我們不會每天擔心貨幣的購買力。貨幣這一抽象的符號就具有了社會實在性。作為一種虛構實在性的貨幣，其實它的實在性是由人們的信任行為而獲得的。任何社會實在得以可能，都是和信任相關的。任何社會的有機組織得以可能，是因為每個成員對其他成員履行義務的信任，正是這種信任使社會有機組織的運作從可能性中獲得了現實性。在貨幣因信任獲得實在性之後，人們的社會活動空間得到了大大的提高，不再僅僅侷限於面對面的承諾和互動行為了，我們持有貨幣這種信用符號，可以在世界各地購買自己喜好的商品和服務。

同樣地，作為一個獲得資格證書的職業人士，可以在各個城市謀取自己的職位，他們行動的社會空間得到了廣泛的擴展，行動的影響力也越來越大，作為專業人士，在某種極端的情況下，他的行動半徑甚至擴及整個國家和世界。

抽象符號和抽象系統都是一種因信任而獲得的社會實在，抽象符號讓廣大的社會行動者的活動空間獲得了釋放，擺脫了傳統的時空限制，而抽象系統則以一種前所未有的影響力影響著廣大的社會成員。對抽象系統的信任，使得抽象系統中專家成員的活動影響力突破了個人活動的物理範圍，同時也

讓人們活動在抽象系統的影響下。當信任在社會層面演變為一種廣泛的社會實在時，對人們實踐潛能的影響具有本質性的意義，甚至改變了人們的生活方式，我們可以在齊美爾的《貨幣哲學》中看到深刻的論證。

總之，信任作為行動的基礎，對於我們做事情有著重要的意義，做任何事情要以一定的信任為基礎，有了信任，人們行動的社會空間得到很大的拓展。同樣地，當我們生活的社會信任開始減少時，我們的社會活力將會下降，整個社會行動處於消極觀望的狀態，嚴重的甚至會產生一種短見（無法長久的）的互相傷害、兩敗俱傷的惡性互動。當信任作為一種社會實在時，我們會看到信任作為行動基礎的力量是多麼強大，大量普遍的行動因信任而具有了一種不為人察覺的「客觀性」和有效性，從而會對人的行動和實踐模式產生根本影響。同時，信任本身作為一種實踐，為我們的行動提供了重要的經驗，因為信任總是在被實現——證實、歸還或回報——的過程中循環，這種循環不僅對參與者，而且對廣大的社會都是有作用的，它產生秩序和安全感，並且鼓勵合作行動。

三、信任促成了個體行動的成功和創新

信任提供了一種可靠的假設，足以作為實際行為的基礎。信任使我們遠離謹小慎微的路線，提高了活動的能動性、積極精神和自主性，並變得更有創造性。

在不確定的情境中建立起一種積極的期待和行動，並以此為立足點尋求行動的安全、可靠與成功。給予信任就是對潛能的承認（對行動自由的認可），在給予信任之前，被信任的對象永遠只是以潛能的形式出現。只有在信任行為付出之後，潛能才開始向現實轉化。隨著這種網絡變得更複雜，對信任的需要和信任的重要性增長了：「沒有信任，只有非常簡單的可以當場辦理的人類合作形式才是可能的⋯⋯為了增加一個社會系統使其行動超越這些基本形式的潛力，信任是不可缺少的」（Luhmann，1979，p.88）。信任促成了一種現實的確定性關係和行動的可能，從這個意義上來說，信任就是一種行動的可能。

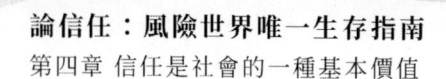

論信任：風險世界唯一生存指南
第四章 信任是社會的一種基本價值

我們的行動總是立足於現在面向未來，「所有的人類行動在時間中發生，利用不能逆轉的過去，並面向未知的未來」（Barbalet，1996，p.82）。行動的後果在時間上總是要晚於我們採用的方法。因此，未來對於行動的當下而言總是不確定的，我們時刻需要為我們的行動尋找立足點，這個立足點就是對於未來的虛構（fiction）或者是假設，信任使得這種假設不像是假設，而具有一種真實感，信任是連接現在和未來的橋樑（Luhmann，1979，p.10，p.25）。信任是對未來結果的預期，如果成功，那麼在某種意義上可以說信任創造了這個預期的未來。信任使得某種預期的結果成為現實，如果沒有信任，這種預期就不可能會實現。「時間的這一問題，試圖使某種未知的將來被信任連接，信任是成功的前期投資」（Luhmann，1979，p.25）。從這個角度講信任，使得我們的生活具有面向未來的積極意向性，它是連接現在與未來很好的橋樑，使得我們得以可能過一種意向性存在的生活。

信任中的「跨越」內涵，所體現的正是行動者的能動性，信任促成了我們行動的成功。懸置意味著信任者沒有排除是否會增加其自身脆弱性的懷疑，而是眼下（暫時）被超越了。盧曼從黑格爾的「揚棄（Aufhebung）」意義上理解懸置，「信任就是一種系統內部對期待矛盾之處的懸置（揚棄）」（Luhmann，1979，p.79）。在這裡綜合超越了否定和肯定，同時保留和廢止了它。失望的可能性沒有被簡單地忽略掉，而是在個體心裡內部被處理掉了，與通常意義上的不安全期待相反，就失望來說，期待的連續性，不是作為行為的慣例形式被預期到和準備好的；相反地，信任的保障以相反的形式存在於下述事實：違背信任必定導致其被收回，因而導致這種關係根本改變，信任無論是從其產生之動因，還是信任遭遇挫折之後的情況，都與一種可能的行動密切相關。「懸置」和「跨越」保留了行動者的能動性，原則上，行動者可以質疑任何事情，但是在實踐層面上，他克服了自己的懷疑，齊美爾將之稱為「對實踐行為來說足夠確定的假設」（Simmel，1964，p.318）。因此，信任是行動的某種「鎮靜劑（tranquiliser）」（Beckert，2002，pp.27-43）。

信任作為一種人為的懸置，懸置了不確定性和脆弱性，這種人為的懸置使得潛在的可能性得以成為現實。同樣，我們可以從信任與安全、風險之間

的密切關係看出信任對於實踐的積極意義。安全與危險、風險一樣都是與實踐和未來相關的，都是我們對實踐處境的判斷。人們不可能搶在未來的前頭，以便在現下的決定裡限定住未來的潛在危害。不論什麼時候做決定，甚至就算人們不做決定，風險仍是不可避免的。以一個簡短的形式來說就是：能確定的是，不存在著絕對的安全，在實踐中沒有絕對的確定性。盧曼在《風險社會學》中談到，風險／安全這個區別裡，安全是個空洞的概念，就如同健康這個概念在健康／生病這個區別裡是空洞的一般，因為安全與健康是無法明確定義出來的，而人們只能從風險的事物、有病的狀況，才能說出安全、健康為何物。換句話說，在風險／安全這個區別裡，安全是個依附性的概念，人們根本無法提出一套標準來定義一個百分之百安全的事物（盧曼，1998年，第 225 頁）。由此可見，我們所謂的安全必然包含著不確定性和風險，安全本身就具有信任對不確定性懸置的意味。「什麼時候人們感覺有足夠的信心去冒險？與此相對，什麼時候人們尋求安全？當然，沒有人能完全避免風險」（Watson&Moran，2005，p.26）。當我們有足夠的信心去冒險的時候，就是我們覺得可以安全地付出行動的時候，而當我們尋求安全的時候，我們則是一種向內的消極觀望狀態，我們的行動有所顧慮，是受到限制的。

　　信任釋放和調動人的能動性，釋放對他人創造的、不受抑制的、革新的、企業家式的積極精神（Luhmann，1979，p.8）。而被信任的人、角色、組織和機構獲得了「信任的信用」（尊嚴、信用、信譽等重要的社會資源），他們立即從社會監督和社會控制中解放出來，同時也為他們帶來了革新性、原創性的行動自由，擁有了廣闊的空間。

第三節　信任對於社會的意義

　　信任作為社會的基本價值，不僅體現在信任對於社會個體行動活力的價值，而且也體現在信任對於整個社會組織系統健康有序的存在和發展的意義。信任有利於營造安全的社會環境，信任帶來了社會秩序和穩定，信任促進社會合作和團結，信任有利於社會繁榮進步，信任使得我們的社會互動更加強

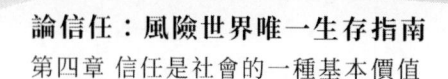

烈和廣泛，同時也使得社會合作機會更多，從而為社會繁榮提供了更多可能，社會的團結和合作也變得更加堅實。

一、信任帶來了社會秩序與穩定

如果沒有信任，我們會看到現代政治學和社會學中那種原子式個體間敵對狀態的出發點。馬基維利在《君主論》之前撰寫的《政治文集》，認為人是一種只為一己私利以自我為中心的存在物。認為主體間永遠處於一種敵對的狀態，人受永不饜足野心的驅使，無休止地發明以成功為取向的行為策略，於是他們始終處於可怕的互不信任狀態（霍耐特，2005年，第19頁）。霍布斯的自然狀態說，則更加明確地反映了人與人之間可怕的不信任鬥爭狀態。我們在相互防禦中共存，沒有信任、沒有愛、沒有責任，那正是我們要擺脫的可怕的無序的自然狀態。政治學家們想到的是主權、正義和法律，將所有的交往問題都交給剛性的法律來裁決，但是忽略了信任對於社會秩序和社會安全的重要意義。福山提到訴訟風氣盛行，在某種意義上就是信任度和社交性呈現衰敗的表現（福山，1998年，第17頁）。

人們彼此間的信任是社會穩定的基礎，不信任恰恰會導致戰爭和殺戮，帶來一系列社會秩序問題。「在市民社會中，信任構成秩序的基礎——使形式上自由的人能相互交往（包括事務性的和個人性的）」（Silver，1985，p.56）。「任何建構社會秩序和互動式社會架構的連續性的長期努力，都必須建立在社會行動者之間相互信任的穩定關係之發展基礎上」（Seligman，1997，p.14）。鮑克說，「信任是需要保護的社會利益，就像我們需要保護我們呼吸的空氣或喝的水一樣。當它被破壞時，整體的連續性就會受損害；當它被摧毀時，社會就會不穩固和崩潰」（Bok，1978，p.28）。

確實，信任與社會安全穩定之間有著密切的關係，一種普遍的社會信任為社會提供了安全穩定的環境，對社會而言具有重要的價值。

生活在人群中的人，他人以及他人活動所構成的社會環境和物質環境，一直是與人的根本性存在相關的。我們是選擇孤獨貧乏地存在，或者在人群中焦慮地存在，還是在人群中安全舒適地存在？顯然，安全舒適對於我們來

說具有積極的存在性意義。而信任能夠營造一種安全的社會環境，因為信任本身就包含有安全的內涵。由於人們彼此之間的信任，我們在社會活動中，會向對方友好地開放，而不是充滿敵意地防禦，從社會整體來說，信任營造的是一種和諧安全的氛圍。

與權力的硬性控制不同，信任對社會秩序和社會穩定的維護，很多時候是柔性的。社會信任為社會交往主體之間的相互作用提供了期望模式，有助於社會交往關係中的行為者克服「存在於所有社會關係中的不確定性和易變性」（Heimer，2001，P.43）。社會信任透過減少社會交往行為者所面臨的社會現實的複雜性來維護社會秩序和社會穩定。社會信任是一種「社會公益」，「如果信任被破壞，社會就會混亂和崩潰」（Bok，1978，p.28）。

二、信任促進合作與團結

合作是一件有風險的事情。「它是一種聯合的行動，在這個聯合的行動中，每個人的行動都不可能在他人的控制下，因為合作行動是同時實施的，或者甚至先於他人的行動實施」（Gambetta，1988，pp.213-214）。在合作的時候，行動者是不可能知道他人是否會叛變或將合作轉變為統治的。行動者形成了關於他人未來行動的一種期待，這種期待積極地影響了他自己的行動，這樣的話，這個行動者就是在運用信任。信任的基礎不可能是知識和計算，信任不是對環境的掌控，而是對他人依賴，一種情感上的接受（Kemper，1978，pp.123-124；Luhmann，1979，p.15，p.22，p.81）。

信任作為合作的充分條件，不是必要條件。當一個社會有信任氛圍的時候，交易成本被顯著降低，而合作的機會被顯著地提高（Offe，1996，p.10）。簡言之，「當信任存在的時候，參與和行動的可能性增加了」（Luhmann，1979，p.8）。除了信任之外，另外兩個合作的條件也經常被提到：威脅和利益。威脅和利益作為合作的基礎，與信任相比有一定的侷限性。當威脅會促成阻力時，它是一種達成合作的昂貴手段，如果合作要繼續的話，這種阻力要克服。威脅是對不服從的懲罰（這種懲罰需要時間和成本），它根據恐怖來實現它的功能。另外，它們將人們合作的理由僅僅看成是滿足他們各自的利益，儘管自我利益可以被看作合作的基礎，但是，自我利益並不是合作的

充分基礎。參與合作活動本身是有條件的，是建立在一種對他人信任的感覺之上，正如甘貝塔所說，信任必然在合作之先（Gambetta，1988，p.213）。

另外，信任對於社會團結有重要的意義。「信任是一個在社會關係和社會系統中產生並維持團結的整合機制」（Barber，1983，p.21）。信任激勵了社會性，以及與他人一起參與各種形式的聯合，從而以這種方式豐富人際聯結的網絡，擴大互動的範圍，它增加了迪爾凱姆提到的「道德親密性（moral density）」，和現代學者所描述的「社會資本（social capital）」（Putnam，1995）、「自發的社會力（spontaneous sociability）」（福山，1998年，第3頁）或「市民的約定（civic engagement）」（Almond&Verba，1965，p.228）。相反，不信任導致孤立、原子化、聯繫的斷裂以及人際網絡的衰退，不信任動員防禦性態度、敵對的刻板印象、流言、偏見以及徹底的陌生人恐懼症。信任氛圍增強了個體與共同體（家庭、民族、教會等）的聯結，並產生強烈的促進合作、互相幫助，以及為他人的利益甚至傾向不惜犧牲自己的集體團結。

信任從根本上來說是一種社會性存在。他者的闖入使我們意識到信任問題。信任是對原子式存在的否定，使人擺脫原子式存在，建立起了一種和諧交往的模式，從敵對的關係步入到和諧相處的關係。給予信任意味著賦予他人一定的同一性，放棄了對他人的防禦和鬥爭狀態。

福山在《信任：社會道德與經濟繁榮的創造》一書的論述中，很多時候將信任等同於社交性（sociality，這一詞對福山來說是具有褒義性質的），他直接將信任說成是一種社會道德。「有的靠一己之力就能創造某種社會資本，可是像相互信任這類社會資本，則只有在社會環境中才能夠生成。儘管如此，包括誠實、可靠、合作、責任感在內的社會德性，卻是孕育社會中個體美德的關鍵元素，這一點就比較少被人談論到」（福山，1998年，第55頁）。「勤奮、節儉、理性、對風險保持開放胸襟等諸多能力，全都是企業家的美德，個人可以一一實踐，即使荒島上的魯賓遜也可能擁有這些德性，然而有一套社會德性，在本質上絕對是屬於群體的，如誠實、可靠、合作、對他人的責任感。韋伯在《新教倫理與資本主義精神》中談到了社會德性」

（福山，1998 年，第 58 頁）。信任作為一種社會性存在，是正面的、積極的，值得我們擁有的。「我們深信這樣的主張：社會德性是發展個人德性（例如工作倫理）的必要條件，因為培養工作倫理的最佳環境其實是緊密的社群團體，也就是家庭、學校和工作場所，在社會向心力強的環境中，這樣的團體得到更多的激勵」（福山，1998 年，第 62 頁）。

三、信任有利於社會繁榮

信任使得社會範圍內的廣泛分工與合作得以可能，而且提高了社會成員行動的能動性，提高了社會的活力，有利於社會繁榮發展。「一個民族的良好存在和它的競爭力，只以一個普遍深入的文化特徵為條件：一個社會固有的信任水平」（福山，1998 年，第 7 頁）。信任文化常常激勵合作與參與。不信任文化阻止合作並破壞參與。當信任被破壞到一定的程度，社會合作性事業必定遭到失敗，因為一個人能做什麼或有理由做什麼，依賴於他人已經做過什麼、正在做什麼或將要做什麼。不信任文化限制了潛在互動夥伴的範圍，並且阻礙互動發生。透過這種方式，它意味著將會失去一長串可能有利的行動機會（Hardin，1993，p.519）。它的後果之一，在關於義大利南方人的一項經典研究中被描述為「超道德的家族主義（amoral familism）」、「沒有能力在直系親屬之外進行共同的活動」（Banfield，1967，p.10）。關於外部的社會世界，不信任文化導致一種強迫性的、妄想狂的玩世不恭氛圍。社會生活在很大範圍內充滿了複雜焦慮、慢性的瀰散的恐懼、懷疑、陰謀詭計、憂慮和不祥的預感（Banfield，1967，p.106）。作為一種社會氛圍，信任能促進社會成員積極參與到廣泛的社會生活中，創造出更多的社會財富，促使社會更加繁榮。

一種普遍的信任氛圍，還會讓社會成員對社會的發展充滿信心和希望，有利於人們積極投身於社會建設，產生積極的經濟行為，而不是一直持保守觀望的市場態度。正如凱因斯在《就業、利息和貨幣通論》中談到的，很多積極的市場行為都建立在一種積極的、充滿信心的期待上。

另外，信任降低了監督和控制的成本，提高了社會交易的效率，並且降低了社會交易的成本。在信任度高的社會，人們的社會交易行為更加高效暢

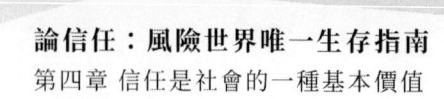

通,對於社會的繁榮昌盛具有積極的意義。這一點我們可以從一種不信任的社會氛圍中看到,由於需要不斷警戒,所花費的交易成本顯著提高了,而合作的機會受到了阻礙。互相不信任的人們將結束合作,除非在正式的規則和法令系統下,這個系統必須透過談判、同意、提起訴訟和強制,有時甚至透過強迫的方法來維持……換句話說,社會中廣泛分布的不信任強加了一種稅(福山,1998年,第175-176頁)。

　　信任還鼓勵對陌生人的寬容與接受,鼓勵把文化和政治差異看作合法的——因為它允許以一種沒有威脅的方式看待它們,並緩解了爭執。我們對他人越坦誠,與他人交往就越容易,並能維持更持久的關係。總之,無論是對社會中個體的存在和發展,還是對社會的存在、發展,信任確實是一種基本價值。信任使得社會個體更加自由、靈活地交往和行動,信任所營造出和諧安全的共在是我們所希冀的,信任是社會安全、穩定、有序、團結、合作和進步的根本條件。可以說,如同正義一樣,信任是社會的一種基本價值,而時刻的防備和防禦對我們來說太耗力費神,會使我們處於焦慮的狀態。

第五章 信任的歷史形態

從前現代社會到現代社會，信任呈現出了完全不同的形態：信任的特點、可信性的保障以及信任本身面臨的問題都是不一樣的。前現代社會中信任直接面臨的是具體的個體，信任以直接經歷的、由傳統擔保的、近在咫尺的世界為基礎（盧曼，2005年，第27頁）。而到了現代社會，信任往往退隱到了制度的幕後，信任面臨的是抽象系統，不再是人與人之間的關係，而是需要仲介機構來支撐的關係網絡，信任的個體往往是缺席的。這一轉變使得信任普遍化，擴大了人們可能的社會活動空間，但是同時也面臨著一系列的問題：信任脫離了具體的情感形態，而且，信任的基礎往往是以不信任為預設，為信任危機埋下了隱患。

第一節 前現代社會的信任形態——熟人社會中的信任

費孝通在《鄉土中國生育制度》一書中提到：做工業的人可以擇地而居，遷移無礙，而種地的人卻搬不動地，以農為生的人，世代定居是常態（費孝通，1998年，第7頁）。在工業沒有得到長足發展的前現代社會中，大部分人的社會生活空間都限定在特定的地域空間裡。另外，前現代社會由於通訊和交通的限制，人們的社會活動空間非常有限。總之，無論是交通的原因還是農業的原因，前現代社會最大的特點是其活動空間的相對穩定性，用鮑曼的話就是前現代社會是「固態」的（鮑曼，2002年，第4頁）。在這樣相對狹小穩定的地域空間裡，一切都是不變的、熟悉的，人們在自然而然熟悉的環境中互動，大部分的互動活動都是在一定的地域單位上進行，由於長時間在此地域空間上互動，人們彼此之間就產生了天然的熟悉感，人與人之間就產生了自然而牢固的聯繫，從而就產生了熟人社會。熟人社會就是人們生活的特定社會空間。

熟人社會最大的特點是穩定性和變化緩慢。熟人社會中的人都是棲息者（相對於游牧者而言），他們棲息在固定的地域和人群中，以此尋找著安全

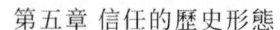

感。熟人社會是我們生活的家園，我們賦予它安全穩定的價值。血緣和地緣是穩定的力量。在穩定的社會中，地緣不過是血緣的投影。「生於斯、死於斯」把人和地的因緣固定了（費孝通，1998 年，第 9 頁）。在穩定性的基礎上，熟人社會衍生出了另一個特點，就是社會成員的固定性。在熟人社會中，社會成員是固定的那些人，他們是與我們生活在一個地方的人，由於社會成員的固定性，可以說和我們打交道的大部分是熟人，我們與他人打交道都是建立在對日常世界熟悉的基礎上。在熟人社會中，信任呈現出以下特點：直接性、情感性、特殊性和道德性，我們可以將熟人社會中的信任歸納為自然態度式的信任。

一、自然態度式的信任

熟人社會中的信任是一種氛圍，一種想當然的信任氛圍，社會不確定性在共同的生活場景和血緣、地緣的紐帶中被應付了，我們在熟人社會的氛圍中產生了安全感，對周圍的人建立起了一種瀰散的基本信任，我們大部分的社會交往問題都在這種氛圍中被處理了。所以，前現代社會中的信任，很多時候是以一種自然而然的想當然形式出現。在熟人社會中，「意義與世界基本上是匿名地建構起來的。假定和共同經驗到的每個人，共享相同的另一個自我的空洞形式，是另一個『我』，別一個『人』。因此，意義與世界建構的作用仍沒有分化，它把每個人都帶到一種瀰散的共識之中。就這一點而言，對其周圍同伴特殊信任還沒有必要。而相應的相識的方式則是熟悉和存在者自明的特質」（盧曼，2005 年，第 24 頁）。

信任以一種理所當然的形式存在，根本沒有進入到我們的話語意識層面來，很多時候信任是一種實踐意識（紀登斯的實踐意識），正如我們在上文論述的，所看到的信任問題被毫不察覺地消解在熟人社會之中。信任問題在熟人社會中被良好地處理掉，並產生了一種自然而然信任的心理狀態。

因此，我們可以將前現代社會中的信任稱為自然態度式的信任，信任是建立在豐富、可感性的交往基礎之上，我們信任的人同時也是我們知曉和熟悉的人。這種信任是在自然而然的交往中形成的，無須任何實在化的仲介。信任在前現代之所以沒有被「問題化」，主要是因為那個時代絕大部分人的

第一節 前現代社會的信任形態——熟人社會中的信任

生活空間並沒有超越家庭、宗族和鄰里社會的狹小範圍。信任是建立在血緣和地緣關係上的相互依賴所產生的自然社會心理狀態。拉什指出，前現代社會中的信任建立在最直接的投入之上，建立在舒爾茨描述生活世界時所說的「關心」之上，建立在列維納斯以及鮑曼在列維納斯的影響下所理解的共存之上（貝克、紀登斯、拉什，2001年，第261頁）。

作為自然態度式的信任主要有以下幾個方面的具體特性：直接性、情感性、特殊性、道德性。

前現代社會中的信任具有直接性。這種直接性表現在任何信任關係往往都是可感的、親歷的交往關係。當我們信任的時候，信任一定是對一個具體的個人。這個人對我們而言，是與我們具有豐富的交往基礎的，我們瞭解他，我們知道他是誰、他的個性等。在這種直接的交往模式中，人們的交往具有「資訊的對稱性和行為的高度可預見性」（鄭永年，2011年）。他人的不確定性問題被大大降低了，信任問題被很自然地應付了。張康之提到，熟人社會具有資訊共享的優越性，由於人際關係無間隔、稀薄和簡單，某些資訊的傳播會有著「長波」效應，能夠以較小的失真度而迅速傳遍生活圈子（張康之，2005年，第12頁）。在熟人社會中，透過共同朋友和熟人的間接聯繫使行為更為公開化。這增強了信譽的重要性，使他我與自我更為謹慎地對待他們表現出來的合作形象，促進了自我與他我信任與合作的可能性（羅德里克·M·克雷默，湯姆·R·泰勒，2003年，第92頁）。

情感性主要指的是在熟人社會中，與我們打交道的他人是獨特可感的具體之人，交往總會伴隨情感因素、主觀因素，而在親密關係中，情感主要指的是一種積極意義的感情——愛、關懷等。當今，朋友和親屬作為親密關係，對我們而言還是具有這種意義的。在熟人社會中，人們之間的信任是具體的、發自自然情感的，因為人們之間的交往是直接的、面對面的、不需要仲介的，這種直接性必然伴隨人的情感，信任是建立在我們與可以感知的他人長期的交往基礎之上，他人對我而言是具體的，我們是「知根知底」的，隔壁的張三對我而言不僅僅是一個名字、代碼，而是與我經常打照面的「那個人」。我們的信任問題是在具體可感層面被具體地處理了，這種處理方式以一種自

然而然想當然的方式存在，沒有特別明顯的心理跨越過程。作為一種自然的社會心理狀態，信任總是在不自知的情況下就發生了，期待與解釋間的距離是模糊的。

前現代社會中的信任是一種特殊的社會意識，信任關係就像費孝通先生說的，是一個差序格局。在這個差序格局中，我們作為差序格局的中心，離我們越近（既可以是距離上的，也可以是情感上的）的，我們越信任，離我們越遠的信任度越低，我們的信任格局就是這樣的一個個同心圓，離圓心越遠信任就越稀薄。這種差序格局又是以我們的自然情感交往為標準而劃分的。最信任的人是親人，其次是朋友，最後是鄰里鄉親。我們可以用「自己人」和「外人」的相對區分來體現熟人社會中信任關係的差序格局，相對於親人，朋友是外人，相對於朋友，鄰里鄉親是外人。在中國儒家思想裡，五倫的順序是：君臣、父子、夫妻、兄弟、朋友，這種順序反映著人們的信任光環。

前現代社會中，信任主要是人與人之間的道德關係。儘管可信性會依託傳統、習俗、血緣以及宗教，但是可信性最直接的保障是被信任者的道德素養，失信和背叛往往會歸結為個體的道德問題。當一個人做出了承諾和保證，那麼他就有了履行保證和承諾的道德義務。而且，在前現代社會中，關於信任的話題往往都在倫理學和道德哲學中有所涉及，在中國，傳統文化對「誠」和「信」德目的強調，在西方，與信任相關的「說謊、恪守承諾」等古老的話題，都是在道德哲學和倫理學中展開討論的。

二、血緣、傳統和宗教保證了可信性

在熟人社會中，可信性是由什麼來保證的呢？

血緣是對可信性的一種重要保證。血緣作為人與人之間天然的、與生俱來的關聯性，為我們在社會中生存和生活提供了重要的人際資源、保護屏障。前現代社會的信任光環中，至親之人總是處在光環的中央。紀登斯也認為，在前現代社會，人們往往依靠親戚去託付某些義務和責任，親緣關係形成的是一個可信任的關係網絡（紀登斯，2000 年，第 98 頁）。聯姻現象在前現代的西方和東方都很普遍，除了政治聯姻之外，還有商業聯姻等其他的利益

第一節 前現代社會的信任形態——熟人社會中的信任

聯姻。聯姻以一種擬血親的形式拉近了兩個家族之間的關係，將兩個家族的利益綁定在一起。那個跟我們聯姻的家族是更加值得信賴的，值得我們託付和合作的。

傳統也是前現代社會可信性的重要保障。首先，從存在方式上來看，傳統具有某種儀式性和重複性，舊的就是好的。在傳統中，透過共享的集體信念和情感，過去決定著現在。紀登斯認為，在前現代場域中，傳統透過限制反事實未來的開放性來安排時間（紀登斯，1998年，第53頁）。傳統給予生活連續性（紀登斯，2001年，第42頁），由此，傳統給我們提供了一個很好的關於他人未來行為的參考座標，這種參考座標有利於形成一種積極的心理期待，為可信性提供了保障。在傳統中，人們獲得了某種存在的安全感。其次，與聯合過去和現在的闡述過程密切相關，傳統被賦予了道德的內涵。傳統所體現的不僅是一個社會做了什麼，而且體現了這個社會應當做什麼。傳統提供了交往的價值規則與行為規範，並在既往反覆進行的日常生活過程中轉化為內心信念與信仰。當然，這並不意味著傳統的規範性成分一定很明確。在大多數情況下這種成分並不明確。傳統這一規範意義給了我們一個穩固的行為模式，這個行為模式具有評價和道德輿論的意義。人們在傳統的影響下，對生活在其中的人的行為形成了一定的引導和約束的力量。傳統提供了一個行為預期，使得信任更加容易，傳統提供了某種可靠的失信制裁，使得信任有了保障。最後，傳統在人們長期的共同生活視域中，形成的習俗、傳統和價值觀念，使得熟人社會有著很強的內部團結和認同感，人們彼此之間的信任也顯得更加容易。「在共同體中有著很明顯的界限，分為『我們』和『他們』，誰是我們中的一員是顯而易見的，不存在模稜兩可的混亂狀態。共同體內部的成員交流是經常的、普遍的、全面的。共同體這種深入的交流依賴於一種空間上與他們棲息之地外面的世界的封鎖。」這種封鎖在傳統的農業社會很常見，「長城」、「城堡」等建築都形象地反映了這樣一種地域的隔離。敵人就是界限之外的「他們」。紀登斯認為，在前現代社會，「對個人的信任並不是地方社區與親緣網絡中個人化聯繫的焦點」（紀登斯，2000年，第106頁）。因為在前現代社會，從社會交往的角度看，信任很多

時候表現為一種融洽的形態，信任在這個融洽的圈子裡是不成問題的。因為大部分的信任都融合在熟人社會的穩定關係網中，我們從來不會去注意它們。

　　宗教為前現代社會中的信任提供了一個超驗的保證。比如我們日常語言中關於發誓的話語還存留超驗跡象：中國日常語言中的「對天發誓」，西方法律社會中法庭上的對著聖經發誓等等。發誓正好透過上帝或者「天」，甚至是中國文化中敬重的「祖先」這些超驗的東西得到了保證，好像我違背了誓言就會招致來自上帝、天或者祖先的懲罰，這種思想背後隱藏一種超驗的聯繫，即我的違背誓言行為會被上帝、天或者祖先甚至是摧毀性的惡性超驗力量等知曉，他們無所不知，他們會對世間的一切做出裁判，並一定會對違誓的行為做出懲戒。紀登斯認為，宗教是信任的組織化的仲介之一，宗教宇宙觀在倫理與實踐方面提供了對個人和社會生活（以及還有對自然界）的解釋，從而將可信賴性嵌入到事件與環境的過程之中，並且構築起解釋這些事件與環境的框架。這些解釋向信仰者們所描繪的，是令人感到安全的環境。這種安全感是前現代社會具體信任關係產生的宏觀背景。宏觀上，宗教是使人們對社會和自然事件產生可信賴感的東西，它在心理上可能直接表述出對於父母形象的信任。組織化了的宗教制度性地保護著被信任所設定的對照料者的信賴。任何個人性的信任必須成為一種共同的信賴，個人性的不信任必須成為一種共同建構的罪惡，同時，個人性的修行必須成為許多人儀式性實踐的一部分，而且也必須成為存在於社區中的可信任性的標誌（紀登斯，2000 年，第 89-91 頁）。

第二節 現代社會的信任形態

　　隨著社會生產力的發展和交往範圍的擴大，以及勞動分工、角色的分化和多元化，人們逐漸擺脫了身分、等級的束縛，主體性和自由不斷增長，世界受到有目的的人類行為影響的範圍也在不斷擴大，社會更趨於複雜化。這就要求突破感性的自然態度式狹隘範圍內的信任，迫切需要更多更廣泛的信任為合作和決定未來的行動提供安全、保障，獲得更多的社會合作。於是，社會在現代化的進程中展開了一場逐漸向普遍化信任轉型的變革。從親合團

體轉向社會運動，從社會運動轉向到正規組織，從正規組織轉向制度，在這個階梯上每上升一步，信任便受到更多仲介的影響，變得更加抽象、更受到規則的約束，在信任中所投注的情感便越來越少，信任關係變得越來越正規化、抽象化（貝克，紀登斯、拉什，2001年，第266-267頁）。

一、陌生人社會的到來

一方面，前現代社會的信任在共同體和熟人社會內，基於全面交往的人們之間的信任也許是輕易可得的，但是，基於全面交往的人們只能在狹小的圈子內才可能，對狹小圈子的維護，讓人們有很強的排外性，從而使得信任本身成了擴大社會行動範圍的障礙，信任顯示出了狹隘性和封閉性。前現代社會信任的對象主要是：最狹小的信任半徑覆蓋我們的家庭成員，充滿著最強的親密感和親近感。其次是對我們自身認識的人的信任，我們知道他們的名字，與他們以面對面的方式交往（我們的朋友、鄰居、同事、商業夥伴等）。這裡信任仍然涉及相當程度的親密和親近（什托姆普卡，2005年，第75頁）。可見，前現代社會中，在信任關係中親密和親近以及熟悉是個體一種感性的交往結果，這種自然而然的感性聯繫只能存在於有限的範圍內。熟人社會中信任最大的侷限性在於它的狹隘性、排外性，人們的社會行動限制在熟人社會的範圍之內，人們活動的社會空間是有限的、固定的。另一方面，前現代社會處理的信任主要依靠的是一種具體的人與人之間的聯繫。具體的人際聯繫，是私人經營的成果，具有主觀性和稀缺性的特點。因為當信任表現為具體的人際關係時，就具有獨特性和不可替代性，也意味著信任的有限性，信任只能發生在你我之間，因為我們是熟人，因為我們是親戚，因為我們是朋友。我不能信任熟人、親戚和朋友以外的人。這種信任只能滿足人們之間的簡單交往，在社會複雜性增加，人們的交往比較頻繁和廣泛的情形下，信任資源就顯得很匱乏。我們的安全和交往超出了熟人社會之外就很難得到保證，我們的信任舉步維艱。

現代社會最大的特點就是工業化和城市化，工業化和城市化的到來為人們提供了廣闊的自由活動空間，人們可以隨意更換城市和工作，這樣就加劇了社會的流動性，破壞了前現代社會熟人社會穩固靜態的結構。現代社會生

論信任：風險世界唯一生存指南
第五章 信任的歷史形態

活中，充斥著大量的陌生人，我們大部分的社會交往是跟陌生人打交道。陌生人相對於前現代社會而言是外來人，而現代社會中，陌生人則是與我們生活在一起，每天打交道的人。

賽納特（Sennett）對城市有一個經典的定義：「城市就是一個陌生人可能再次相遇的居民聚居地」（Sennett，1978，p.39）。城市不是一個自給自足的社會單位，而是一個以市場交換來獲取生活資料的場合。在城市中，到處是交易者，我們甚至可以說每個人都是交易者，這些交易者可以在不同的城市中流動。在市場中，我們大部分的生活半徑遠遠超出了傳統熟人社會社區的限制，我們的活動對遠在他鄉甚至他國的人產生影響，而遠在他國和他鄉的人也時刻影響著我們的生活。我們生活在一個「陌生人社會」。美國法學家勞倫斯·弗里德曼是第一個提出「陌生人社會」的人。他是這樣刻畫「陌生人社會」的：我們打開包裝和罐子吃下陌生人在遙遠的地方製造和加工的食品；我們不知道這些加工者的名字或者他們的任何情況。我們搬進陌生人——我們希望是精巧地——建造的房子。我們生活中的很多時間是被「鎖」在危險的、飛快運轉的機器裡面，如小汽車、公車、火車、電梯、飛機等裡面度過……因此我們的生活也掌握在那些製造和運轉機器的陌生人手中（弗里德曼，2005年，第86頁）。

與熟人社會相比，陌生人社會意味著更大的流動性。陌生人是我們每個人的身分，每個人對我們社會生活中遭遇的大多數人而言都是陌生人。我們不知道對方的性情和過去，因為我們不會跟他們之中的大部分人有長期的交往，陌生人的相遇是一件沒有過去的事情，而且多半也是沒有未來的事情，是一段非常確切的「不會持續下去的往事」（鮑曼，2002年，第148頁）。但是，與熟人社會相比，陌生人社會也意味著人們交往範圍的擴大，我們的交往不再侷限在我們生活的社區，我們每天會與不計其數的人「打交道」，正如上面提到的，我們使用他們的產品，使用他們的服務，這種不照面的「打交道」被紀登斯稱為「時空脫域」。其實，流動性與廣泛的交往性在某種意義上是相互包含的，正因為流動性讓我們與陌生人的交往變得頻繁了。

第二節 現代社會的信任形態

陌生人對我們來說總是某人，我們從未謀面，我們不熟悉他，那麼，現代社會信任就要突破熟人社會中人際信任的獨特性和有限性，因為，我們不可能調查每一個跟我們交往的人（我們會遭遇盧曼所說的無法承受的社會複雜性），而且這種調查對我們來說幾乎是不可能的，陌生的他人在現實中是個黑箱，我們幾乎無法知曉他們的過去和心理。正如盧曼所說，一個流動的、高度分化的社會系統，不可能只滿足於這種信任基礎，它使信任的對象越來越遠離情感關係需要的直接性（盧曼，2005年，第107頁）。熟人社會中的信任無法滿足現代社會交往普遍化的需求。

在陌生人社會，我們的信任何以可能呢？沃倫說，陌生人還沒有理由去信任，也沒有理由被信任，由於他們共有的行為虛無假設，他們互不瞭解，因此在彼此遇見時是小心翼翼、互不信任的態度（馬克·E·沃倫，2004年，第52頁）。但是，隨著社會生產力的發展和交往範圍的擴大，以及勞動分工、角色的分化和多元化，人們逐漸擺脫了身分、階級的束縛，主體性和自由不斷增長，世界受到有目的的人類行為影響的範圍也在不斷擴大，社會更趨於複雜化。這就要求有更多的社會合作，從而也創造出為合作和決定未來的行動提供安全、保障的信任的需要。信任需要打破特殊的情感性依賴的枷鎖，走向普遍的社會信任，這樣才能滿足現代社會生活的需要。由此，制度信任就呼之欲出。從熟人社會的信任轉變為現代社會的制度信任，其中主要的過渡就是契約的普遍化。

二、契約的普遍化

契約本義指證明出賣、抵押、租賃等關係的文書，契約一般客觀地包括了契約的遵守，契約作為一種正式的、帶有法律性質的約定，是受到法律保障的。我們在「什麼是信任」一章中已經從日常語言的角度分析了契約和信任之間的關係，認為契約已經超出了信任自然而然的狀態，進入到了相對精緻化的狀態，像盧曼說的「一種信任原則的技術性重置」（Luhmann，1979，p.34）。契約是對傳統熟人社會中自然的人際信任的發展，以契約形式存在的信任關係是一種自覺建構的信任關係，具有反思性。

契約具有以下幾個特徵：客觀化、普遍化和建立在自主平等之上。

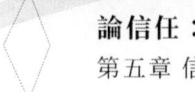

論信任：風險世界唯一生存指南
第五章 信任的歷史形態

契約具有普遍化特性。正如盧曼說的，契約一般是不關心「誰」的個體性，契約是一種普遍的理性精神體現。契約社會完成了信任從特殊主義到普遍主義、從作為一種德性到作為一種普遍化制度的轉變。在這裡，一個人對他人做出承諾，並對他人的承諾給予充分的信任，已經不僅是個人之間的相互承諾，而是個人與所有人之間的相互承諾，信任成為個人與所有人之間的相互信任。用羅爾斯的「無知之幕」的方式說，個人對他人做出了承諾，並對他人的承諾給予充分的信任，這就不僅是單個人之間的相互承諾，而是單個人與所有人之間的相互承諾，其信任是單個人與所有人之間的相互信任；這種單個人與所有人之間的相互承諾與相互信任，透過普遍化的方式被演化為所有人對達成共識的正義原則的承諾與信任。

契約具有客觀化的特性。在普遍化過程中，相互間承諾與信任被客觀化為制度性存在，演化為制度性承諾與制度性信任，這種制度性承諾既指個人對這種正義制度的承諾與信任，同時亦指個人從制度中所獲得的承諾。契約強調的不是道德的約束，契約的背後是法律與規則，它更多地訴諸外在的制裁力量。傳統社會中的信任以個人人格為擔保，以靠經驗感覺對他者的瞭解為依據，帶有太多的主觀性和偶然性，且只能適用於小範圍和相對簡單的社會情境。而契約則以非人格的制度架構及其客觀運作機制為保證，它具有客觀確定性和可操作性，把不確定性轉移到了可以把握的領域，以維繫更大範圍和更複雜的交往活動（例如與陌生人和不在場者的交往）的規範有序、可預期性和安全可靠，從而擴大了我們交往的範圍和生活的空間。契約中所包含的客觀化制度性承諾，使得生活在現代多元開放社會中的個人獲得某種可以依賴的客觀性依據，行為具有可預期性，進而擁有安全感。

契約建立在平等自主的基礎之上。立約往往是以自願自主為基礎的，立約的內容往往是立約雙方自由意志的表達，雙方自由達成協議是契約成立的重要的條件。平等自由的個體保證了立約的自願自主性，契約是建立在平等自主的交往之上的。如果雙方當事人在權利、義務、地位等方面不對等，就只存在著強迫與被強迫、剝奪與被剝奪、服從與被服從的關係，不可能存在自由合意的契約關係。可以說，契約範疇就是對任何否定權利、義務平等的

強權和特權的再否定,就是對權利、義務平等的肯定(蔣先福,1999年,第10頁)。由此,契約關係的普遍化,實現了由身分社會到自由社會的過渡。

契約在很大程度上可以追溯到西方宗教傳統。《聖經》中《舊約全書》的「約」就是上帝與人類訂立的契約,這也確立了「約」的神聖性、履約的強制性和義務性。古羅馬時期,社會生產力的發展和交往的普遍化使人們擺脫了血緣關係的「天然的臍帶」,轉而透過契約關係發展起一種新型的經濟關係,契約關係逐漸代替了其他關係,並逐漸擴展到其他社會關係中,在社會生活中占據越來越重要的地位。近代歐洲啟蒙思想家霍布斯、洛克、盧梭從人性和自然法的角度出發,強調契約對社會存在的基礎性及普遍性意義,並用契約思想來構築其國家理論,使契約從經濟領域擴展到法律和政治領域,出現了經濟生活乃至政治生活的契約化,形成西方的契約文明和契約型社會。這種契約文化反過來又推動了以契約信用為主要形式的信用經濟的發展。至此,以往那種借助於血緣關係而形成的特殊信任心理、權利義務關係,均被利益調整下的契約關係所取代;由法律調整的「信用」,完成了其從人倫信用到契約信用、從特殊主義信用到普遍主義信用的過渡。契約的普遍化為現代社會中的信任奠定了基礎。現代社會和前現代社會之間的區別,在於契約在社會中所占範圍的大小(梅茵,1996年,第172頁)。現代社會實現了從身分到契約的轉換。

契約思想的宗教淵源。基督教教義都是以「約」(舊約、新約)的形式呈現。《出埃及記》記載了上帝與摩西立約,並將上帝和人類簽字的契約放在櫃子裡抬下山,這個櫃子叫「約櫃」。上帝與摩西的約定代表了整個民族對上帝的承諾,因此,猶太人也被稱為「契約之民」。

人與人的約定有一個從承諾到契約的轉變過程。承諾是一種德性,契約則轉化為客觀的、制度性的。承諾的可信性保證來源於個體的德性,而契約的可信性保證則儘量地避免個體性,從外在的約束性那裡尋求保證。人與人之前早期的約定,往往會以一種莊嚴的立約儀式,使契約的實施得以有一個超驗的保證。在契約關係產生的早期,使得一個契約獲得有效性的不是一個允約,而是附著一種莊嚴儀式的允約,儀式不但和允約本身有同樣的重要性,

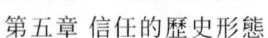

論信任：風險世界唯一生存指南
第五章 信任的歷史形態

儀式還比允約更為重要（梅茵，1996 年，第 179-180 頁）。比如，中國日常語言中的「對天發誓」、和歃血為盟，以及西方社會中法庭上的對著聖經發誓等等。誓言正好透過上帝、或者「天」，甚至是中國文化中敬重的「祖先」這些超驗的東西得到了保證，好像我違背了誓言就會招致來自上帝、天或者祖先的懲罰。當約定發展到一定的階段，人們會以某種物品抵押來保證契約的實施。盟約很多時候都是有抵押的，這種抵押是人們用來克服事後毀約的一種賭注。直到後來人們發現了法律的制度性約束來保證履行契約的普遍有效性，才真正實現了從承諾到契約的過渡。

契約關係最初是一種經濟關係，契約往往是在商業中的互利行為。早期經濟關係中的契約觀點是從「讓與」的觀念中分離出來的。「用銅片和衡具」的交易，當它的目的是在移轉財產時，採用了一個新的、特殊的名稱：「曼企帕地荷」。而古代的「耐克遜」則仍舊用以表示原來的儀式，但這樣的儀式只被用於使契約莊嚴化的特殊目的（梅茵，1996 年，第 181 頁）。在經濟行為中，契約往往表現為財產轉移過程中的文書，約定在商業發達的西方是很常見的一種經濟行為，人們依靠約定來實現有時間間隔的交易，約定思想對於西方突破熟人社會的交往侷限具有重要的意義。

當契約關係從經濟領域延伸到社會和政治的廣泛領域時，契約關係就實現了普遍化，近代政治學中，社會契約論的流行就是契約關係普遍化的充分體現。「社會契約」這個觀念是與「人人平等」的觀念相聯繫而產生出來的：人生而平等——每個人由於他的人性而享有自由的平等。如果他們不得不出於某種理由而放棄他們對自由的自然權利，那麼這只能透過一種志願的協議來實現。國家和政權以及法律的合理性就來自於人們的志願協議，以及在此協議基礎上的授權和委託。在社會契約論中，人們立約所依傍的是沒有歷史感、抽象個體的人性，和普遍的自然法，以這些作為立約的理性基礎，其實預設了人們之間可以共享的交往資源是一種抽象的人性和自然法。人們沒有其他的共同性了，我們的習俗和文化，以及彼此之間的熟悉感是缺席的，契約中的人都是抽象的人，不能有任何具體特殊的愛好和經歷。這種預設在羅爾斯的「原初狀態」和「無知之幕」中表露無遺。我們還應該進一步保證被採用的原則不受到特殊的愛好、志趣以及個人善惡觀的影響。為體現這些可

取的限制，我們可想像一個所有人都被剝奪了這種資訊的狀態。這種狀態排除了對那些會使人們陷入爭吵，使自己受自己的偏見指引的偶然因素的察知。這樣，我們自然就達到了「無知之幕」的概念。可以說，任何時候我們都能進入原初狀態，只要遵循某種程式（羅爾斯，1988 年，第 16 頁）。我們不關心那些與我們立約的具體的人，「如果契約被信任，那麼這是必需的，契約的執行與下題無關：誰——如果有人的話——實際上在信任誰」（盧曼，2005 年，第 45 頁），近代社會和政治整體上是在契約思想中架構的，以正義為核心，以制度為保障。

當契約關係普遍化之後，我們可以說在現代社會已經形成了契約精神，它是現代社會的時代精神。在契約精神的指導下，社會建制有了整體上的理念指導，陌生人社會的交往有了宏觀的制度背景，人們之間的信任隱匿於制度的背景之中，雖然，我們不瞭解和我們交往的人，我們也許以後再不會有交集，但是我們仍然能放心地與他打交道，因為每個人都生活在契約制度的框架之下，每個人都受契約的限制，成為社會的一員就是成為守約守法的一員。契約是對每個人的約束和控制，限制了人們的隨意性，讓每個人都具有了基本的理性，從而為我們的相互信任提供了保障。

三、信任在現代社會中的表現形式——媒介性和脫域性

我們看到，在現代社會中，信任的對象已越來越遠離情感關係的直接性，我們越來越發現跟我們打交道的都是抽象的社會角色，由信任熟人、親密關係者，轉變為對由機構保障的社會角色（如專家、律師）、社會機構或組織（如學校、銀行、政府、企業等；信任機構的一個主要原因是對程式的信任）、技術系統（如供水和電力系統、通信系統、交通系統等）、專家系統和市場的信任，以及對社會系統、社會秩序或政權制度的總體品質（功能、效率、公正、可靠性）的信任。盧曼把這些信任關係概括為對貨幣、真理和權力等媒介的信任（盧曼，2005 年，第 21 頁）。紀登斯則從「時空分離及脫域——再嵌入特徵」和「社會的抽象系統」兩個層次入手，對現代社會的信任機制做了深入的分析。

論信任：風險世界唯一生存指南
第五章 信任的歷史形態

1. 信任的媒介性

我們的信任關係不再是人與人之間的直接關係了，而是以媒介為仲介的。人與人之間的信任關係往往表現為對媒介的信任。盧曼就提到了現代社會中主要的三大媒介：貨幣、真理和權力。下面我們以貨幣為例來分析現代社會信任的媒介性特點。

貨幣作為一種交往的媒介，它將人們之間直接的交往給懸置了，人們之間的交往有了客觀的可公度性。貨幣讓人們之間的交換實現了客觀化，和我們交往的人都是具有單面功能的人，他們與我們的交往僅僅涉及某方面的抽象功能，這一功能可以由任何人來執行，不具有個體意義。作為功能而言，每個人對我們而言都是貨幣意義上的，人們在社會中的行為就是以貨幣為導向的分工合作。貨幣的自發調節性讓人們生活在普遍的經濟活動氛圍中，每個人對我來說都是我獲取相關商品的手段，我們不需要也沒有必要信任作為個體的他人。

我們都知道，貨幣本身是沒有交換價值的，人們接納貨幣其實接納的是一種待兌現的信用。在貨幣關係中，人們有對相關組織和貨幣信用機構的信任就足夠了，不需要對具有特殊人格個體的感性信任。我們只需要對貨幣發行機構充滿信心，這樣，貨幣就成了公分母，貨幣作為信任的仲介擴大了信任的半徑。

貨幣經濟的長足發展讓人們的關係得以客觀化。貨幣經濟取消了人與人之間獨特的依附關係，貨幣在某種意義上意味著自由，使人們擺脫了對某個特定個人信任的必要性，但是，又增加了對廣大匿名者的依賴，「被依靠的人對於主體的意義唯獨在於他們是某種功能的載體，例如資金持有者和提供勞動材料的人，此外，他們是什麼樣的人根本無所謂」（齊美爾，2002年，第222頁）。人們生活所依靠的送貨員、放款人、工人並非作為有個性的人在發揮作用，因為他們只是按照某一種單一方面功能進入到與人的關係中。

按照齊美爾的觀點，主體越來越依靠勞動成果，越來越少依靠這些成果背後的個人。現代的勞動分工使依靠關係中人的數量有增無減，正如它使個人在發揮其功用後就消失了，這正是因為只有個人的一方面在起作用，所有

其他的方面退居次要位置。故而,對個人行為的評定從作為出發點的人格,徹底轉化成了作為終點的客觀目的性。其實,個人作為一種功能、一個職位之純粹的載體是非常不受關心的,個別的人將無限地依靠別人,他的義務的單方面確定性使他透過複雜的體系依賴一切他人的補充行為,並且,需求的滿足與其說是出自於個體具體的能力,不如說是有賴於一個勞動組織,這個組織似乎與個體相互對立,遵循純粹客觀的觀點(齊美爾,2002年,第288-289頁)。

貨幣是人與人之間不涉及個人關係的載體,且是個體自由的載體。一方面貨幣憑藉其無窮的靈活性和可分性,使各式各樣的經濟依附關係成為可能,而另一方面,貨幣無動於衷的、客觀的本質,有助於從人際關係中提取出個人的因素(齊美爾,2002年,第289頁)。

現代大都市中的人不依賴具體的特定個人。縱然他們需要不計其數的供給者、工人、合作者,沒有他們大都市就會一籌莫展,但是大都市中的人與這些人的關係是絕對客觀的,只靠金錢來體現。所以,大都市中的人並不把任何一個這樣的人當作特定的人來依附,而只是依靠其客觀的、有金錢價值的服務,因此這樣的服務可以由隨便哪一個人,可被換來換去的個人來完成。由於純粹的金錢關係把一個個的人緊緊地連接成了作為(所謂抽象的)整體的集體,並且因為——根據我們上下文的詳細討論——貨幣恰恰是抽象集體力量的代表,所以單個的人與他人的關係只不過就是在複製那一種由貨幣帶來的人與事物的關係。

2. 信任的脫域和再嵌入機制

所謂「時空分離及脫域——再嵌入特徵」,是指將社會關係從地方性場景中抽離出來,並在一種幾乎是具有無限可能性的空間中再聯結或嵌入,這就使人們置於廣泛的普遍交往中,並超越具體場所的限制及漸次擴散的侷限性,從而開闢了一個全新的社會生活世界(紀登斯,2000年,第70頁)。

所謂「脫域」,就是社會關係從彼此互動的地域性關聯中,從透過對不確定時間的無限穿越而被重構的關聯中「脫離出來」(紀登斯,2000年,第18頁)。「脫域」擺脫了對具體互動情境的依賴,因此,脫域基礎之上信任

的重要特徵是非當面和不在場，社會成員相互交往方式發生了由「在場」到「缺席」的重大改變。當面——在場的信任所表達的是熟人社會的有限交往關係，非當面——在場信任表達的則是超越熟人社會的普遍交往關係（紀登斯，2000年，第69頁）。與此相應，由當面——在場承諾所形成的是當面、在場的可信任性，由非當面——在場承諾所形成的是不在場的可信任性。現代性的時空分離——脫域，透過交往手段的革命，從根本上動搖乃至否定了傳統的熟人社會交往方式，使人們置身於一個廣袤無垠的交往世界中，並超越交往活動具體場所限制及漸次擴散的侷限性，進入普遍交往的境地。「『自我』和『社會』在人類歷史中首次在全球性背景下交互聯結了」（紀登斯，1998年，第35頁）。

我們的生存和幸福所依賴的那些人行動的匿名性和非人格化不斷增加。公共機構和組織的管理者、技術系統的操作者、商品的生產者、服務的提供者，我們幾乎全不認識。我們也沒有能力去影響、控制或監督他們的行動。他們是完全隱蔽並獨立於我們的，而我們卻非常依賴他們正在做的事情（例如：我們非常依賴我們乘坐飛機的飛行員、我們所吃藥品的生產者、組裝我們汽車的工人、製作我們所買食品的廚師、檢查我們利潤的稅務稽查員、確定我們儲蓄利率的中央銀行銀行家、連接我們和朋友的電話接線員、分發信件的郵差，甚至還有所有那些我們很少有機會親身遇到的人）。在無數的場合，我們必須依靠不知名的「重要的他者」的效率、責任心、好意。絕沒有跨越這種匿名性鴻溝的橋樑，只有求助於信任。

這種非在場性和匿名性的交往要求一種新的具有可公度性的交往媒介以及權威性的監督制約機制，以確保承諾的可信性與可合理預期性。在時空分離基礎之上所形成的再嵌入機制，又進一步形成了社會的抽象系統。紀登斯認為，社會抽象系統由兩個方面所組成：符號系統與專家系統。符號系統是相互交流的媒介體系，它具有可公度性，能準確傳遞資訊，而不用考慮任何特定場景下處理這些資訊的個人或團體的特殊品質。專家系統則是由技術成就和專業隊伍所組成的體系，後者包括了所有那些在政治、經濟、技術、科學領域中代表公眾利益而從事「代理活動」的人（紀登斯，1998年，第15-25頁）。伴隨著交往方式的改變，人們在交往活動過程中，越來越依賴

社會的抽象性系統，並對由這種抽象性系統所標幟的制度承諾寄予無限希望與信賴。抽象為日常生活的可信賴性提供了安全保障，而對抽象系統的信任往往也被設定為對非個人原則的信任。由此，紀登斯認為，現代社會信任主要是由抽象系統來保證。

比如，抽象系統中的操作員是我們完全不認識的人，但是我們甚至可以將生命交付給他們。當我坐上一輛汽車在高速公路上行駛，我就進入了一個由號誌、高速公路和交叉路口等組成的抽象系統；當我們選擇搭乘某一航班，我們雖然不知道民航系統運行的原理，但是我們仍然很安心，我們只需要購買好機票登機，而不是要對飛機的運行原理進行一番考量。我們如何獲得這種安全感呢？這種安全感來自我們對民航系統作為一個系統運行效應的信任，這種信任讓我們不必親自去考察飛機的安全性和工作人員的責任感，而是對號誌以及道路系統中其他符號的認可和信任。

我們交往中涉及的每個人的可信性都是作為抽象的交往符號獲得的可信性。每個人在進入具體的交往之前，都被相關的機構層層過濾和篩選過，需要驗證、審核、蓋章。抽象系統機構成了我們的信用保障，機構給我們發放各種資格證書，讓我們得以從事某種交往行為。現代人一生中要獲得無數的證書，擁有證書的數量和質量決定了一個人的社會活動空間。我們的日常生活、學習、工作都需要資格證書才得以順利進行，證書在某種意義上就是一種抽象的符號。

身分證是人們在社會中存在最基本的憑證，公安機構頒發的身分證是為了證明我們自己是誰，在現代社會，沒有了身分證我們幾乎寸步難行，我們不能坐火車旅行，我們不能為自己辦理各種業務，身分證在某種意義上是自己作為社會合法成員的證明，身分證憑藉其一一對應性（一個身分證號碼對應的是一個獨一無二的人），使得人們可以憑藉身分證找到我，讓人們在跟我交易時會放心。

學歷學位證書、職業資格證書以及專業等級證書則證明一個人的能力。教育部門的公章和各種行業協會的公章對於我們就業和個人發展具有重要的信用作用。當我們到一個單位就業時，我們需要這些證書證明我們作為一名

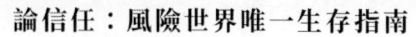

論信任：風險世界唯一生存指南
第五章 信任的歷史形態

員工的合格、合法性。我們信任醫生，是因為他是經醫學院和醫療行業機構審核認證過的人，公章的權威讓我們對他產生了信賴；我們信任律師，是因為他有司法機構頒發的律師執業證書；我們信任工程師，是因為他們經過了多年的工程專業教育，並且獲得了工程師協會的執業資格證。

　　相對於我們對普通職業人士的信任，我們對於專家以及其背後的權威機構的信任，是非常複雜的。因為專家本身既是被認證審核的對象，也是處在認證體系之中的人。比如我們的行業標準和產品質量標準的制定都與專家有著密切的關係，專家是認證體系中人，是認定權威的來源，處於現代社會信用等級的頂端，他們為我們日常生活中眾多的產品製造者和生產者制定標準，專家是為日常信用體系把關的人。當代社會的產品和服務越來越多樣化，人們面臨的選擇也越來越多，在各種錯綜複雜的事物中，在各種真假面前，人們要選擇什麼樣的安全食品、什麼樣的衣服等，選擇的標準一般是以有權威專家、機構的確認為標準。所以我們往往非常注重專家的個人資訊，比如專家的道德品質等等。現實中，對於專家的信任是非常複雜的，一方面，我們總會質疑專家的各種觀點，另一方面，我們又要仰賴專家的各種解釋和學說。專家系統是否誠實可信？對於專家系統的信任實質上是雙重信任：對專家職業道德方面的信任，與對專家系統專業知識與技能方面的信任。然而，大多數情況下，如紀登斯所認為的那樣，人們信任專家系統並不是建立在對專家的「道德品質」或良好動機信任基礎之上，而是建立在信賴他們所掌握的那些原理法則基礎之上的（紀登斯，2000年，第30頁）。

　　對抽象系統的信任，隱含著現代性制度承諾及對現代性制度承諾的信任。抽象性系統所表達的內容，實質上是社會結構本身透過其功能對這個社會中所有成員所做出的承諾。非制度性個人承諾以個人人格為擔保，以對他者的經驗、感覺、瞭解為依據，具有主觀不確定性，而制度性承諾則以非人格的制度架構及其客觀運作機制為保證，具有客觀確定性。制度性承諾可以維繫脫域不在場交往中的規範有序性、安全可預期性。

第三節 現代社會的信任問題

相對於傳統社會中具體的人際信任，現代社會中的制度性信任確實是歷史巨大的進步，使得信任突破了有限的個人，實現了普遍化的信任。但是現代社會信任是建立在個體主義預設的基礎之上，這導致了現代社會信任基礎上本身就蘊含了信任危機的隱患。而且，以制度為媒介的信任形式是一種冷冰冰的信任，割斷了與生活世界的聯繫，也忽視了人的情感性生存的本體性需要。在現代性背景下人們大談信任問題，就是對現代社會中所暴露的制度信任問題進行的反思。

一、現代社會信任的制度化

一方面，現代社會中的信任實現了制度化的轉變。今天我們日常生活中的信任大多是經過制度化的處理，具體的信任都有明顯制度化的烙印，專家之所以可信，是因為他經過一系列程式化的檢驗後獲得了某種專家的資格。甚而，很多時候我們直接信任著某一制度，比如我們信任銀行、貨幣，就是對某一類金融制度的信任。契約的普遍化作為從前現代社會到現代社會的過渡形式，實現了信任制度化的第一步，在此基礎上建立起了一系列的制度機制。從現代社會信任的表現形式上看，無論是社會抽象系統還是媒介，它們所表達的實質上是社會結構本身透過其功能對該社會中所有成員所做出的承諾，對抽象系統的信任實質上是對制度承諾的信任。與現代性制度相連的信任本質上是對制度承諾的信任，是「大多數人對他們行動的社會與物質環境之恆常性所具有的信心」（紀登斯，1998年，第80頁）。例如，對於專家系統的信任實質上是雙重信任：對專家們的專業知識與技能的信任和對其職業道德的信任，而專家系統的產生又基於一種程式的合法性（制度）。在今天，作為機構和制度的社會抽象系統已成為我們生活的大範圍的物質環境和社會環境。社會的信任關係一方面以制度化的方式存在著，另一方面又以社會強制這一特殊的制度化方式對承諾加以監督、制約、實施。在這種制度結構下，信任具有制度的權威性、嚴肅性。我們不可能取得別人未來行為的資訊，但是，我們可能熟悉我們與他人共享的系統特定結構屬性，從而克服了

所缺乏的對資訊的需求——結構減少對資訊的需求（盧曼，2005年，第49頁）。

另一方面，現代性制度設計是建立在信任的基礎上。現代社會「抽象系統」作用的有效發揮「依賴於信任」，而「信任在本質上與現代性制度相連。信任在這裡被賦予的，不是個人，而是抽象能力」（紀登斯，2000年，第23頁）。對大多數人而言，我們必須付出對抽象系統或者媒介的信任，這種信任就是對一系列制度架構的信任。作為普通的個體，是無法獲得關於這些抽象系統和媒介的具體相關資訊（除了個別專業人士），從而做出有把握、可控制的判斷，所以，我們必須要付出信任。制度的有效性就是基於我們對它的信任。作為符號系統的貨幣體系的有效性來自於我們對它的信任，同樣地，任何一個普通大眾必須對民航系統付出信任，因為我們無法充分地瞭解和掌握它的運行機制。現代社會「抽象系統」作用的有效發揮「依賴於信任」。與個人總相信新的不同人相比，制度信任顯得更加容易，但是，同時也更難以掌控，很多時候我們不得不付出信任（盧曼，2005年，第65-66頁）。塞利格曼也認為，儘管在社會行動者中，某些形式的信任對於任何社會秩序的持續運作都是必需的，作為特殊類型風險解決辦法的信任問題無疑是一種與現代市場經濟中勞動分工的本性相關聯的現代現象（Seligman，1997，pp.7-8）。作為現代制度的一個主要組成部分——市場經濟就是以信任為支撐。整個市場經濟的運行都是以信任為基礎的，主要體現在市場經濟運作的機制上：首先，市場經濟從本質上看是一種具有擴張性質的經濟，這個經濟體需要借助負債去擴大生產規模、更新設備、改進工藝、推銷產品。其次，市場經濟中債權債務關係是最基本、最普遍的經濟關係。絕大多數企業和個人在有絕佳投資機會的情況下，不會因為缺少資金而坐等機會喪失，相反地，有資金盈餘的企業和個人也不會因為沒有上好的投資機會便認可資本損失。尋求投資與籌資管道，是現代經濟的基本觀念。經濟越發展，債權債務關係就越緊密，越成為經濟正常運作的必要條件。最後，在現代經濟中，信用貨幣是整個貨幣群體中最基本的形式。它透過資產與負債將銀行與各個經濟部門、行業、企業緊密聯繫在一起，信用關係成了無所不在的經濟關係。任何

經濟部門都離不開信用關係，不管是個人、企業、金融機構，還是政府部門，都無例外。

在現代社會中，信任本身隱藏到了幕後。從表面上看，現代社會是用制度取代了信任，但嚴格地說，只是制度取代了信任的某些功能，信任問題本身並沒有消失，「在市民社會中信任構成秩序的基礎——使形式上自由的人能相互交往」（Silver，1985，p.56）。信任只是退隱到了幕後——如前所述，行動的可能性隨著信任的增加成比例地增加（盧曼，2005年，第52頁）。信任仍然是社會穩定、團結、合作和進步的條件，甚至，隨著複雜性的增長，我們對信任的需求越多。制度化信任力圖把信任關係變為客觀有效的和可控制的，然而其極端化則是用理性取代情感，以控制取代信任。無疑地，擴大控制和監督程式可以減少對信任的需要，但控制已不是信任。控制和信任是相互對立的，控制極力消除不確定性，而信任是建立在不確定性的背景之上。控制和信任在功能上又是相互補充的，現代社會系統就是建立在信任的基礎上，其功能的有效發揮也依賴於信任。

二、制度信任的基礎

現代社會制度信任的建立主要有以下兩個方面的基礎：

第一，制度信任主要是建立在個體主義、利益最大化的基礎上，就是以性惡論為基礎，把每個人都看作需要被防範的自私自利個體。信任是一種相互博奕，承諾與信任的同時都在計算利益得失。

信任的契約化以及建立在其基礎上的制度信任，都是建立在個體主義和「利益最大化」兩個假設之上，它以自我為中心並且把利益放在首要地位。儘管在現代社會中我們經常強調「尊重和認可對方的人格，承認對方作為人的目的性價值」，然而歸根到底，他人對我是工具，是需要防禦的，人與人之間是利益博奕的關係，很難談到真正的友愛、信任和責任。這就不足以為信任提供根據，因為信任恰恰意味著擺脫了上述狀態。舍勒就曾指出，現代道德的全部根基是人對人原則上的不信任態度（舍勒，1997年，第126頁）。

論信任：風險世界唯一生存指南
第五章 信任的歷史形態

　　從霍布斯主權國家的合理性到羅爾斯的正義論，契約論式的建構從來沒有間斷過。契約論的努力就是不斷地從理論上尋找具有同樣擁有權利的多個主體如何能和諧地共存於同一片天空下。契約論式的政治理論都是以主體哲學為背景的，都是以自我為中心的防禦式建構。我們在相互防禦中共存，我們沒有信任、沒有愛、沒有責任，只有正義和法律。

　　女權主義甚至認為以羅爾斯為代表的契約主義、傳統的正義論是在以個體為中心、以男性化的理性來建構人與人之間的共在，將人們之間溫情脈脈的關係消滅得蕩然無存。可以說，任何時候我們都能進入原初狀態，只要遵循某種程式（羅爾斯，1988年，第16頁）。基於「無知之幕」的這種客觀性立場，女權主義者將正義看成是冷冰冰的、沒有人情味的、缺乏關愛的，她們認為，在契約精神中，冷靜的理性是核心，不能摻雜個人的感性（Baier，1988）。

　　第二，用制度取代個體性、情感性的東西，用理性態度對待信任關係，造成了人與人之間冷冰冰的疏遠。

　　制度信任力圖把信任關係變為客觀有效的和可控制的，這是巨大的歷史進步。然而，其極端化則會用理性取消情感，以控制取消信任。無疑，擴大控制和監督程式可以減少對信任的需要，但控制已不是信任。控制和信任是相互對立的：控制極力消除不確定性，而信任是建立在不確定性的背景之上。控制和信任在功能上又是相互補充的：現代社會系統就是建立在信任的基礎上，其功能的有效發揮也依賴於信任。

　　我們在與他人交往中，越來越常依賴監控和控制。前現代社會中具有溫馨色彩的信任離我們越來越遠，信任靠冷冰冰的監控器和機構、制度來保證。人與人之間的交往需要不斷地證明自己以及各種監控機制和對資訊公開化的要求。這個時候，我們在付出信任的同時需要的抵押和保障越來越多。當信任需要越來越多解釋和論證的時候，做出信任的抉擇就是一項艱難的工程了。信任不再是理所當然的，而是需要我們去操心的，信任雙方都需要操心的一件事，信任者需要權衡的因素越來越多，被信任者需要提供的證明和抵押也越來越多。

「日益增加的複雜技術被用來防止和檢查信任的違背,從鎖、保險箱、密碼和身分證,到錄影監控和精心製作的加密」(Seligman,1997,pp.4-9)。人們日益生活在一個龐雜、被監控的世界中,就像鮑曼在共同體中構想的赫里特奇花園,在那裡安全和信任是靠隱藏的閉路電視和荷槍實彈的士兵來保證的。在這個精緻控制的世界裡,人們獲得的信任是很複雜的。這種信任恰好反映了人與人之間的不信任。因為這些信任的獲得,是靠精緻的技術和設置來保證的,生活可以被設計得比較令人滿意,而且必定會得到這樣的改善——並沒有結束,它也不可能很快就結束。現代性除了創造出的生活之外,並沒有其他的生活:現代人的生活是一件苦差事,一件尚未完成、持續要求付出更多關注和全新努力的苦差事,它不是給定的(鮑曼,2006 年,第 147 頁)。

以上兩點是現代社會信任建立的基礎,甚至有人認為正如舍勒所說,現代社會是建立在不信任的基礎上(舍勒,1997 年,第 126 頁)。現代社會的政治和經濟架構是以性惡論為基礎的,將每個個體設想為需要被提防的對象,從而設計出一系列制度性的架構來限制人們自私自利的行為,力圖用透明性、控制性、確定性來取代信任,排斥掉信任。這種觀點看到了現代社會制度信任的某些特性,引導不確定性,懲罰失信。信任不可能被徹底排除,我們知道信任對於社會來說是一種基本價值,是必要的。因此上面提到的關於現代社會中信任的基礎,本身也是產生不信任的根源,現代社會信任建立的基礎也埋下了不信任的隱患,以致出現了信任危機。

三、現代社會信任問題的突顯及其根源

現代社會是以制度信任為主,制度往往將信任隱藏了起來,信任被置於幕後,很難被人們察覺到,就像上文提到的,有人甚至認為現代社會是建立在不信任的基礎上。然而,20 世紀以來關於信任的討論卻越來越熱烈了,信任問題從制度幕後突顯了出來。

沒有什麼時代比當今社會對信任的關注更加頻繁了。從生活實踐的角度看,我們在生活中越來越體會到信任的重要性,我們也越來越頻繁地提到信任。學術界幾乎所有學科都在討論信任問題,比如心理學、社會學、經濟學、

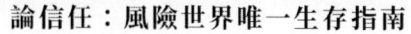

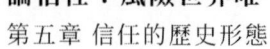

論信任：風險世界唯一生存指南
第五章 信任的歷史形態

哲學等等。這種如火如荼的研究現狀表明信任已經成為熱門話題。將信任作為一個普遍的話題來討論，是一種關於信任的普遍「問題意識」。語言行為在某種意義上意味著一種思考的介入（Wittgenstein，1998，p.54）。所以，信任作為一個熱門話題，在某種程度上恰恰反映了信任在現代社會中出現了問題。山岸俊男認為，信任意味深長的情境也是需要我們小心謹慎的情境。相反，在安全性得到確定的情境中信任是不必要的，或者我們不必在與他人交往時處處小心。這意味著信任他人與跟他人打交道時需要小心並非一定是對立的兩極（Yamagishi T，1998，p.36）。當今社會正是一個信任意味深長的社會，是一個需要信任而信任難以實現的社會情境。信任從安然無憂的上手狀態，進入到了讓我們深思費神的現成在手狀態。

　　正如查爾斯·泰勒在論述認同問題時所說，「在現代之前，人們並不談論『同一性』和『認同』，並不是由於人們沒有（我們稱為的）同一性，也不是由於同一性不依賴於認同，而是由於那時他們根本就不成為問題，不必如此小題大做」（查爾斯·泰勒，2001年，第48頁）。其實，成了問題的信任也是與現代性密切相關的。前現代社會的信任在人們交往實踐中具有想當然性和給定性，我們絕對不會意識到它，它就像我們呼吸的空氣，在沒有出現匱乏時，我們是注意不到它的。那時信任與安全、無憂幾乎是同義詞。我們在當今社會對信任的體察，與我們對風險的體察緊密相連。我們現在已經將風險跟人密切聯繫起來，風險是人的行為造成的不確定性。我們在給他人留下行動空間時，我們認為是有風險的，對他人總是處於警戒狀態。前現代社會中信任的給定性消失了，信任與風險、不確定性緊密聯繫了起來。現代社會中，信任是需要我們做出決策的選擇。我們在面臨多家航空公司的時候，我們會選擇自己比較放心的一個。當信任進入我們的經驗和思辨層面，就意味著我們的疑慮和對不確定性的感知，就意味著信任在現實實踐中運行出現了問題。這個時候，關於信任的話題就是一種信任的問題意識。信任成為熱門話題就意味著信任已經處於困境。

　　只有當信任成為問題的時候，信任才會成為話題。用海德格爾的術語來說，就是從「內在於本體而存在」的狀態，轉化到了「外在於本體的狀態」，變成了深思熟慮和詳細審查的對象。「理論態度發生的關鍵就在於實踐的消

失」（海德格爾，1999年，第406頁）。就像正用著順手的錘子突然出了毛病，使用者不免要停下手頭的工作來打量錘子哪兒出了毛病，對使用者來說，原來處於上手狀態的錘子突然變成了現成在手的東西。充分的信任代表了安然放心的行事方式，以及與他人相處的無戒備、無防禦狀態，是一種寶貴的社會資本，是信任的理想實踐模式。當信任進入我們的經驗層面，信任就成了需要審慎思考和認真對待的問題。

從我們對信任問題的意識來看，信任危機並不是說人們在現實實踐中付諸的信任越來越少，而是人們意識到信任成了一個需要思考和謀劃的問題。信任擺脫了一種自然而然的情感狀態，而成了需要我們操心的事。我們想辦法讓他人變得可信，信任不再是給定的，而是需要我們去努力建構的。現代社會信任危機的根源很複雜，主要有以下五個方面：

1. 需要信任的地方越來越多

隨著社會複雜性的增加，我們需要信任的地方越來越多：

第一，我們生活於其中的這個世界，受到有目的的人類行為影響的範圍不斷增長。我們已經從依賴於命運的社會發展到了由人的行動推動的社會。為了積極地、建設性地面對未來，我們需要信任。普通人必須相信所有那些在政治、經濟、技術、科學領域中代表其利益而從事「代理性活動」的人（Dahrendorf，1990）。

第二，我們的世界已經變得非常相互依存，使得對作為合作重要條件的信任的需求增長。社會角色、功能、職業、特殊興趣、生活品位的分化和特殊化已經達到很高的程度。社會內部的合作與社會之間的合作正變成一種迫切的需要、一種嚴峻的挑戰。

第三，社會角色的巨大分化和分割，使承擔角色義務的行為更加不可預測。系統越分化，角色越增加，越可能出現任何特殊角色（或角色叢）的不穩定，並因此可能出現更大程度的角色期待的可磋商性。角色期待的不確定性和可磋商性越大，導致作為社會關係形式的信任的發展可能性越大（Seligman，1997，p.39）。

第四，社會生活充滿著我們自己製造的和不斷擴展的新威脅和新危險。技術應用於自然和社會越多，生活就變得越不可預測。當技術對自然和社會產生影響的時候，它們之間複雜的互動造成非常多的沒有想到的後果。文明和技術的發展，除了帶來不容置疑的好處之外，也可能產生損失慘重的失敗和有害的影響（例如：工業災難、環境破壞、氣候變異、文明敗壞等）。我們自己的創造物非預期地轉過來反對我們自己。「不斷增加的社會和技術的複雜性，提高了系統某些關鍵部分不可靠的可能性」（Clarke&Short，1993，p.384）。為應付「風險社會」出現的弱點，需要擴大信任的儲備。

第五，我們生活在選擇數量不斷增加的世界。在生活的所有領域（例如：消費、教育、勞動、休閒），潛在選擇的範圍是巨大的。人們面對的可能選擇越多，他們最終做出的決定越不可能預測。這涉及我們自己和我們的夥伴。為了在可選擇的行動路線中做出選擇（例如：支持哪一個政治家，諮詢哪一位醫生，購買哪一種產品，在哪一個銀行存錢），我們必須經常訴諸信任。與此相似，當其他人面對他們自己的多種選擇（例如：總統將選擇哪一種政策，醫生將採用哪一種療法，工廠將為產品定什麼價格，銀行將如何投資我們的錢）時，他們將做出的行動的不確定性，使信任成為我們行動不可缺少的因素。「向其他人敞開的可能選擇方式越多，信任對我們的決策和行動就變得越重要」（Gambetta，1988，p.219）。

第六，當代社會的很大一部分對它的成員來說已變得難以理解。制度、組織和技術系統的複雜性，以及它們運作的全球化程度不斷增加，使它們對普通大眾來說是難以理解的，而且對於職業的專家來說也是如此。誰有能力完全懂得全球資金流動、股票交易起伏、電腦網絡、電信、運輸？或者，誰能夠完全懂得行政的、管理的、政府的或軍事的運行機制和國際官僚機構？我們必須比以前任何時候都更經常地在黑暗中行動，好像我們面對的是一個巨大的黑箱，我們的需要和利益越來越依賴它的正常運行。信任變成了我們應對晦暗環境時一個不可缺少的策略，沒有信任我們將寸步難行。

2. 現代性進程中傳統的斷裂

現代性作為一個價值概念，它所標幟的是人類文明發展過程中的斷裂，它所指示的是不同於傳統社會的日常生活關係及其知識體系與文化——心理結構價值精神類型，這種新的日常生活交往、知識體系與價值類型正以一種前所未有的方式將我們帶離傳統的秩序軌道。

傳統作為一種文化、價值，亦是一種存在的家園與依賴，它提供了交往價值規則與行為規範，給人的存在以依託、精神安頓與生命之根，並在既往反覆進行的日常生活過程中轉化為內心信念與信仰。正是在這傳統中，人們獲得了某種存在的安全感。現在，傳統本身被懷疑、批判、否定，人們原先賴以安身立命的生命地質層突然發生了斷裂、塌陷，生命存在處於無根基懸浮空虛狀態。人們在形而上學的意義上成了流浪兒，處於純粹外在偶然性的支配控制之下，這個世界上的一切似乎都成了自己的異物，既然一切表現為由偶然性所支配，還有什麼是可以信任的？

而日常生活世界的轉型及其不成熟，又從經驗層面加劇了這種形而上學的絕望。人們突然發現個人必須獨立地面對新的、正在變化的日常生活世界，必須對自己日常生活世界中的命運負起全部責任。自由與責任、獨立與孤獨，矛盾地交織在一起。這就如同紀登斯所努力揭示的，現代性社會是一個生活典型發生根本變遷的社會，傳統與習慣在劇烈蕩滌中被沖刷銷蝕，原有作為信任基礎、賴以存在的安全感已經改變，個人所面對的社會風險性突然大增（紀登斯，1998年，第82-84頁）。此時，社會日常生活中就會瀰漫起一股信任危機之霧瘴。

3. 工具理性的弊端

貨幣和分工在人際關係客觀化中扮演了重要角色，於是，他人對我們來說只是手段，我們需要用貨幣去購買的手段。人與人之間的交往以利益和功用為主導。

現代社會的信任是建立在個體主義和「利益最大化」兩個假設之上的，它們以自我為中心並且把利益放在首要地位。儘管我們會尊重和認可對方的

論信任：風險世界唯一生存指南
第五章 信任的歷史形態

人格，承認對方作為人的目的性價值，然而歸根到底他人對我來說是工具，是需要防禦的，人與人之間是利益博奕的關係，很難談到真正的友愛、信任和責任。這就不足以為信任提供充分的根據，因為信任恰恰意味著擺脫了上述狀態。舍勒就曾指出，現代道德的全部根基是人對人原則上的不信任態度（舍勒，1997年，第126頁）。工具理性以不信任為基礎：法律道德假定了個體本位、人性惡、利益最大化，人與人之間是對峙、戰爭的狀態（近代政治學的根基）（什托姆普卡，2005年，第215-231頁），所以可以說現代社會信任是建立在人與人之間不信任的基礎之上。那麼，現代社會產生信任危機就不足為奇了。因為信任的核心已經被掏空了，信任很多時候意味著對控制的信任。工具理性完全拋棄了信任的價值追求，鮑曼說，「在冷漠的共同空間中，孤獨者們渴望營建的，公共空間的主政者們能夠真正地、負責地提供的共同體，只能是由恐懼、猜疑和仇恨構成的」（鮑曼，2006年，第6頁）。

工具理性的短見性，讓人與人之間的交往變得急功近利，每個人都追名逐利，而且這種追逐變得那麼明顯，成了我們行為的風向標，人們只要有機會就會「搭便車」，稍不留神我們就會被他人欺騙利用。在這種大的背景下，我們很難去信任他人，所以我們總是需要監視、控制他人，透過制度、法律、甚至技術手段等等。

信任無疑是需要一種更深刻的價值支持的，在傳統社會人們擁有的共同價值觀和信仰，是一個有力的支持。而到了現代社會，「我們生活在一個共同的多變的世界中，在一個嚴重的、沒有希望的不穩定狀況下，這一不穩定滲透進個體生活的所有方面——生活來源和愛情伴侶關係或者是和共同利益一樣多，專業人員的變數和文化認同一樣多，展示自我的方式和健康與身體良好感覺的模式一樣多」（鮑曼，2002年，第212頁）。現代社會的變動不拘和多元性讓人們處於價值困境之中，我們再也無法回到那個熟悉的家園世界，「也許是因為絕大多數人是沒有離開他們洞穴的游牧者，他們可能還在他們的家裡尋找避難所，但是在那裡他們幾乎找不到可以隱蔽的地方，而且無論他們多麼努力地去尋找，他們永遠也不會真正地出現在自己的家裡：這個避難所有透風的圍牆，到處都可以被難以計算的電線和電波穿透進去」（鮑曼，2002年，第241頁）。信任如何在一個變動不拘、以利益博奕作為短暫

遊戲規則的社會中生根發芽,是我們這個時代的困境,是信任危機最深刻的根源,信任需要重建它的價值根基。

4. 控制的有限性

在神約的時代,伊甸園的故事告訴我們不遵守約定,會受到懲罰,與上帝毀約會被驅逐出天堂。現代社會是一個世俗約定的社會,我們的信任仰仗於控制。歐妮爾(O'Neill,2002,pp.4-10)認為,儘管我們不能詛咒那些背叛信任的人(將他們從天堂樂園驅逐),但是,我們採取了預防和懲罰欺騙的措施。我們設置和實施高的標準,人權訴求被強加在法律、機構和我們所有人身上。契約以更加精確的方式闡明並且形式化,讓我們的協議和承諾有了保障。大量的努力用來保證可信性行為。審計員審查帳戶(但是,他們是可信的嗎?),考官系統考察考生(但是,他們是可信的嗎?),警察審查犯罪行為(但是,他們是可信的嗎?)。

但是,完全的控制幾乎是不可能的。各種保證人們可信的措施最終都需要信任來支撐,我們必須在某個地方信任。對於「誰來監視監視者」這個古老的問題是沒有絕對完整的答案的。保證是無用的,除非它們有一個可信的起源。一個倒退的保證鏈條,不會因它長就好,而是要以一個可信的起源作為終端(O'Neill,2002,pp.4-9)。所有的控制最終還是人在控制,而人本身的利益訴求就是最大的不確定因素,制度與機構在運作中因利益博弈而出現偏差是非常普遍的,比如腐敗。因此,控制還是離不開信任的,信任不假定或者要求對他人行為無懈可擊的保證,也不能因為缺乏保證而被理性地克制。每個控制鏈的盡頭才是我們信任的依託,控制只是保證了信任,但是最終還是需要信任,當控制出現問題時,信任就會浮出水面。

控制總是包括了對缺席他者的信任,與我們打照面的人,不是信任的落腳點,信任總是在控制背後,我們信任的是看不見的控制以及操控這些控制的那群人。面臨這些控制,作為個體的我們顯得很脆弱和無力,我們甚至不能產生合理的懷疑,這種連懷疑都成問題的交付,是現代人很深刻的信任危機體察,就像「置身高空中的飛機乘客突然發現駕駛艙空無一人時的感覺」(鮑曼,2002年,第209頁)。

另外，過度的控制也是不可取的，完全的控制意味著對人們自由和創造能力的限制。在一個完全受控的社會中，社會活力會受到抑制，會影響社會發展的效率，另外，人們的社會交往情感需求也被壓制。

信任與控制是相輔相成的，現代社會中，對於控制的過分強調是信任危機的根源之一。制度信任力圖把信任關係變為客觀有效的和可控制的，這是巨大的歷史進步。然而，其極端化則會用理性取代情感，甚至以控制取代信任。無疑地，擴大控制和監督程式可以減少對信任的需要。控制和信任是相互對立的：控制極力消除不確定性，而信任是建立在不確定性的背景之上。控制和信任在功能上又是互補的：信任與控制彼此都假定了另一個的存在，彼此相輔相成，但是又不能互相還原。因為確定性不可能達到，積極的期待都需要懸置（Möllering，2005，p.285）。現代社會系統就是建立在信任的基礎上，其功能的有效發揮也依賴於信任。從表面上看，現代社會似乎是用制度取代了信任，但信任問題本身卻沒有消失，只是退隱到了幕後，只有當控制出現問題的時候，我們才發現控制的背後是信任。

5. 抽象系統加劇了社會不確定性

在今天這個全球化時代，人們生活在各種各樣的抽象系統之中：貨幣系統、專家系統、技術系統等等。這些抽象系統都具有脫域性，雖然脫域擴大了我們的信任半徑，但是它們也帶來了更大的社會不確定性。

首先，抽象系統的脫域形式，會為人們帶來不確定感。在抽象系統中，人們的交往不再是傳統的面對面交往，人的不同時在場造成對象存在的虛擬感，人們一方面極其便捷地與遠方溝通，另一方面又對溝通對象的真實性、可靠性心存不安，懷疑情緒油然而生。

抽象系統讓人們從固定的人際關係中解放出來，人們擁有的選擇空間越來越大，這同時意味著向其他人敞開的可能選擇方式越來越多，他們行動的匿名性和非人格化也在不斷增加，其行動更加難以預測。而制度、組織和技術系統的複雜性及其運作的全球化程度日益增加，也使其對社會的很大一部分成員來說變得更加難以理解和控制。社會生活充滿著我們自己製造的和不斷擴展的新威脅和新危險，人類已經進入了全球性的「風險社會」。

第三節 現代社會的信任問題

抽象系統是宏觀性和系統性的，一方面，一旦某個人在與制度和機構交往中出現問題，那麼其他人對於制度的信任就會受到很大的影響，另一方面作為客觀化的機制，制度和機構信任是一種系統性的構造和運行結果，處於這一系統中的任意一個環節出現了小問題，就會產生類似系統性、規模性的影響，因此，我們生活在一個普遍的風險社會中。在當今社會中，每個人都是社會之網不可或缺的點，作為一個點的運行失誤，會招致整個網絡的效應，因此，抽象系統保證下的信任是脆弱的。

其次，由於抽象系統的同構性，人們很容易陷入信任危機。當網上報導某一顧客在銀行自動提款機上領到假鈔，我們就會很自然地想到其他銀行的安全性。

最後，作為抽象系統的專家具有特殊性，很容易成為社會信任危機的導火線。隨著知識體系的日益專門化，普通人也越來越依賴專家系統，但是，越來越專門化的專家們經常會從自己的獨特角度，來解釋和辯解我們生活中的各種現象，為我們提供各種決策依據。面臨紛繁複雜、相互分歧的各種建議，人們往往無所適從，到底哪個專家是可信的呢？我們該聽誰的呢？公眾就陷入了信任危機。另外，專家系統的誠實性也經常會出問題，日常生活經驗使人們有理由追問，專家系統是否在任何場合、任何情況下都毫無保留地講實話道真情，是否都公正無偏頗？即使我們在總體上說專家系統是可信賴的，但它在個別情況下所採取隱瞞真相的做法（人們從日常生活經驗中不時會聽到或感受到此種情形），又怎能使人們有充分理由相信此時此刻此事上專家系統沒有任何隱瞞？即使專家系統真的極為誠實，那麼，專家系統還存在著哈耶克所說的「理性不及」的情形——人的現實認知能力的有限性（哈耶克，1997年，第25頁）。既然如此，理性使人們總是在傾向於信任專家系統的同時，又存有某種疑慮。

制度信任和情感信任是互補的。情感構成與其他人發生信任關係的基礎。人們在情感上扎根於家庭、人群圈子和具有責任和任務的角色叢，當他們向這個狹窄圈子之外開放時，信任關係就得到支撐。以社會抽象系統來說，只有建立起一個人們透過日常生活經驗感覺到值得依賴的抽象系統，才有可能

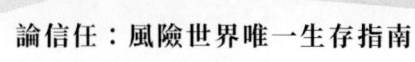

論信任：風險世界唯一生存指南
第五章 信任的歷史形態

在全社會確立起普遍的相互承諾及合理預期的信任關係。如果沒有信任，那麼人們之間積極的情感關係也不可能長期維持下去。制度化的信任為日常的可信賴性提供了安全保障，但是它的性質本身決定了它不可能滿足個體信任所要求的相互性和親密性的需要。如前所述，情感是此在的始源性的存在方式，情感信任從屬於生活世界，它依託於群體、社會、傳統和文化，其中還體現了對他人的仁慈和友好，以及預設了對方的善良品性和良好願望。因此，僅僅依靠制度信任將割斷與生活世界的聯繫，也忽視了人的本體性需要。一個好的團體或社會不僅是一個利益的聯合體，同時也是一個價值的共同體。在這裡，人們共同信奉一個價值和理想，人與人的關係也超越了單純的利益、工具性以及外在制約而達到親密關係，亦即形成「我們」。信任是親密關係的組成要素，並且在一定意義上決定了親密關係的性質和程度。相互信任、忠誠、團結和合作，關心他人的利益並願意為他人的利益而採取行動甚至做出犧牲，規定了「我們」這一範疇。這是一個螺旋上升的過程，也是社會信任的「理想目標」。正如伽達默爾所說：「沒有經過爭執和協調而產生的人與人之間的相互信任的內在意識，就沒有友誼、婚姻與愛情關係。這種和解的奧妙是黑格爾辯證法的祕密，它被叫做合題」（伽達默爾，轉引自劉國英、張燦輝主編，2004年，第25頁）。

第六章 信任危機與信任重建

▍第一節 世界信任危機

在一個社會中,如果成員之間的互不信任或不守承諾達到某種普遍的程度,從而危及社會的穩定和秩序,這就構成了信任危機。信任危機是一個世界性的普遍問題,也是一個具有現代性意義的問題。例如由美國次貸危機引發的全球性金融危機,實質上就是以信用危機為發端的。

當代社會懷疑之風盛行,我們已經不再相信權威,所有的權威都具有相對性,每個人都可以質疑一切。公民不再信任政府、政治家、警察、法庭、監獄機構等,顧客不再信任商家和他們生產的產品,我們都不信任銀行和保險公司,病人不再信任醫生,具有「權威」的專家也成了我們懷疑的對象。其實,現代社會中的不信任不僅僅涉及違法和違反標準的行為,不信任和懷疑蔓延到了我們生活的各方面。正如鮑曼所說,使人喜歡的安全港灣非常稀少,而且大多數時間裡,信任在徒勞地尋找自己的避風港時,就像沒有拋錨的船隻一樣,在四處漂泊(鮑曼,2002 年,第 213 頁)。

信任危機是現代化進程本身所帶來的問題,由此,紀登斯和貝克從自反性現代化的角度來理解現代西方社會中普遍存在的信任危機,貝克還將其描述為風險社會。自反性是指自我對抗性。現代性從工業時期到風險時期的過渡是不受歡迎的、看不見的、強制性的,它緊緊跟隨在現代化的自主性動力之後,採用的是潛在副作用的模式。幾乎可以這樣說,風險社會格局的產生是由於工業社會的自信主導著工業社會中的人民和制度的思想和行動(貝克、紀登斯、拉什,2001 年,第 9 頁)。因此,現代西方社會所面臨的信任危機就是現代性制度架構本身出了問題。

一、紀登斯對信任危機的描述

在紀登斯看來,現代世界信任危機是在新的系統信任建立的基礎上產生的,是指已經建立起來的系統的現代信任機制面臨的危機,並不是信任機制

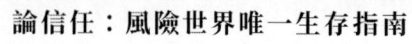

轉變過程中暫時性的缺失現象。以抽象系統為核心的制度信任帶給人們高效率和方便的同時，也將現代社會信任的風險發揮到極致，使得現代社會的信任機制時時刻刻處於非常脆弱的狀態之下，任何風吹草動都會對信任產生巨大的影響，現代社會的信任大廈瞬間就會崩潰。

紀登斯從社會現象的層面描述了現代性進程中的信任危機，在日常生活層面上，信任的喪失可能會以各式各樣的形式出現，對抽象系統的存留而言有些完全是邊緣性的，比如，有些人決定徹底離開周圍的抽象系統。然而，有些信任的錯位或者衰減卻具有更廣泛的含義。對一個銀行或政府的不信任如果不斷加劇則可能導致其垮台。整個世界經濟受制於一般性信任的變化無常（貝克、紀登斯、拉什，2001年，第114頁）。

紀登斯深入探討了專家系統的自反性作用。專家系統內部的不一致性是現代社會信任危機的主要方面之一。而專家系統內部的不一致則與專家系統的本質屬性密切相關。專業知識以科學為指導，以尋求普遍性為己任，專家的意見之所以不一，並不僅僅因為他們在為不同的預設立場辯護，而且因為他們的努力也正是為了克服那些差異，達到某種一致化的認同。另外，專家領域的爭論顯然與現代社會多元主義、民主化的廣泛原則有關。專家知識對任何有充足時間和條件去接受培訓的人都是開放的；制度自反性的普遍化意味著專家的理論、概念和發現會不斷地傳播給芸芸眾生。這樣專家在現代社會中的權威，就經常會被顛覆，專家並不是權威的中心，對專家激進的懷疑加劇了焦慮製造出來的不信任感。由此，專家系統中的信任危機是與現代性條件下日常生活的基本原則息息相關的（貝克、紀登斯、拉什，2001年，第109-134頁）。

紀登斯還論述了現代社會抽象制度系統的自反性。對多重抽象系統的信任是今天日常生活的必要組成部分，由於專門知識具有分立和競爭的性質，創立穩定的抽象系統是一件十分艱難的事。雖然有些類型的抽象系統已經成為人們生活中根深蒂固的一部分，似乎無論何時都堅如磐石，然而，它們卻極易受到一般性信任危機的損害。最為重要的是，抽象系統中的信任與生活方式的易變模糊密不可分。在現代社會中，生活方式的選擇既是日常生活的

構成要素，也與抽象系統相適應。從根本上來說，現代性的整個組織機構必須依賴具有潛在不穩定的信任機制。但是，如果這些因素受到質疑——今天的情況正是如此，那麼生活方式的模式和全球性社會再生產過程的耦合便會受到重壓。生活方式的變遷對核心抽象系統可能具有深刻的顛覆性。比如，在現代經濟中，對消費主義的大背離就會對當代經濟體制產生重大的影響（貝克、紀登斯、拉什，2001年，第113-114頁）。

二、貝克對信任危機的描述

在現代社會中，人們對不確定性的體察越來越深刻，可靠和安全離我們越來越遙遠，貝克將我們所處的社會叫做風險社會。「不確定性回歸到社會，首先意味著越來越多的社會衝突已不再被當作秩序問題，而是被當作風險問題。這些風險問題的特徵是沒有確定的解決辦法，它們的特點是一種根本性的矛盾，在明確性的缺乏不斷加劇的情況下——且這是一個不斷強化的發展過程——對社會的技術可行性失去信心幾乎是必然的」（貝克、紀登斯、拉什，2001年，第13頁）。由此，我們可以說貝克所說的風險社會包含著深刻的信任危機。

風險是控制和秩序的工具理性邏輯受其自身動力盲目牽引的形式。這意味著出現了一條裂縫，現代性內部在理性的基礎和工業社會的自我意識問題上出現了衝突，且這正發生在工業現代化的核心。風險社會中信任危機的局面是現代性社會信任體系根據其制度化的標準所不能處理和消化的。因此，我們可以說，應對風險社會中的信任危機在某種意義上是後理性的，至少不再是工具理性的。風險恰恰是從工具理性秩序中產生的。風險社會中難以預測的一面以及控制需求的滯後效應，反過來又引出了原以為業已克服的不確定領域、矛盾的領域（貝克、紀登斯、拉什，2001年，第13-15頁）。據此，我們可以說貝克也是將現代社會信任危機看成一種制度性危機，是現代社會自反性的表現。現代社會中的信任危機是社會現代化進程的必然後果，是現代性制度架構本身所無法克服的危機，要克服現代性意義上的信任危機，就要顛覆現代社會制度信任的根基。現代性背景下的信任危機正是制度信任的副作用，而我們已經生活在一個副作用的時代（貝克、紀登斯、拉什，2001

年，第 222 頁）。現代社會的現代化進程越深入，現代社會的基礎就越是受到消解、改變和威脅，一些關鍵性的制度（如政黨和工會，同時包括科學和法律中因果性的可靠原則、國家的疆界、個人責任之倫理以及核心家庭的秩序等）逐漸失去了根基和歷史合法性（貝克、紀登斯、拉什，2001 年，第 224-226 頁）。

現代社會發展到一定的階段，一些風險將越來越避開現代社會體制的監督制度和保護制度，制度對於我們信任的風險防範作用逐漸失效了，我們越來越經常地置身於無保護的風險真空地帶。在這個階段，各式各樣的危險話題進入了公眾、政治和私人的爭論和衝突中。現代社會的制度成為其自身不能控制的威脅之生產者和授權人。一方面，社會仍然根據原有的制度化模式做出決策，另一方面，組織、司法制度和政治受到了人們的質疑。

貝克在出版《風險社會》兩年後又出版了《解毒劑》一書，這本書的副標題是「有組織地不負責任」。貝克的意思是，商業公司、政策制定者和專家結成的聯盟，製造出了當代社會中的風險，接著又建立起一套話語來推卸責任。這意味著不僅組織和組織措施不適應於理解不確定性和不可控制性的回歸並使之合法化，倫理的、法律的原則和範疇——如責任、內疚和污染者付出代價的原則——和有些政治決策程式（少數服從多數的原則）也不能適應。

首先，人們逐漸意識到行政機構和專家未必總能準確地瞭解對每一個人來說什麼是正確和有益的，或者說他們至少不瞭解的更多。其次，制度內外存在普遍的混亂和對立。現代社會制度性信任的安全性保障的失敗，意味著人們必須在不確定性中行動和生活，據此，生活和行動在不確定性中成為一種基本體驗。我們在現代社會對信任危機的體察，與我們對風險的體察緊密相連，視野伴隨著風險的增長而模糊，把世界描述成風險的人最終將失去行動能力（貝克、紀登斯、拉什，2001 年，第 14 頁）。

三、現代性制度信任危機的案例

在當代西方學者已經表現出對工業文明或現代化走向衰變敏感的同時，近來，西方國家接連發生一系列事件：美國信用評級近百年來首次遭下調、歐洲主權債務危機持續惡化……，種種困境和亂象表明，在國際金融危機的沉重打擊下，西方正在經歷深刻的制度性危機，西方社會發展很大程度上正進入一種不穩定狀態，或許他們正經歷從工業社會到後工業社會的轉變，而工業化過程中建立起來的基本信任模式也正面臨著轉變。如《紐約時報》所說，美國人不再信任其政治制度的可靠性，而這一制度是整個政府的根基之一，這種信任的喪失導致整個國家陷入複雜而陰鬱的情緒，焦慮、悲觀、羞愧、無助、戒備心日益增強。

1. 次貸危機

由美國次貸危機所引發的全球金融危機就是現代社會信任危機的具體表現。在美國，放貸機構根據借款人信用的高低，將貸款分為「優級」和「次級」。次級貸款因面臨更高的風險，其利率高於優級貸款。由於之前的房價很高，銀行認為儘管貸款給了次級信用借款人，如借款人無法償還貸款，則可以利用抵押的房屋來還，拍賣或者出售後收回銀行貸款。但由於房價突然走低，借款人無力償還時，銀行把房屋出售，但卻發現得到的資金不能彌補當時的貸款和利息，甚至無法彌補貸款額本身，這樣銀行就會在這個貸款上出現虧損。一兩個借款人出現這樣的問題還好，但由於分期付款的利息上升，加上這些借款人本身就是次級信用貸款者，這樣就導致了大量無法還貸的借款人。銀行收回房屋，卻賣不到高價，嚴重虧損，引發了次貸危機。

次貸危機首先跟一種以信用為基礎的提前消費文化有關，美國經濟長期以來一直有高負債、低儲蓄的特徵，不但居民習慣於借債消費，而且國家也鼓勵借貸和超前消費。而房地產泡沫的形成又與美國社會的「消費文化」、不當的房地產金融政策和長期維持的寬鬆貨幣政策有直接關係。這種寬鬆的信用經濟政策成就了美國經濟的繁榮，是美國經濟發展的重要驅動力，而正是這種寬鬆的信用政策和消費文化釀成了次貸危機，這是現代經濟制度的自反性表現。

其次，信任評級制度本身潛在的利益誘惑誘發了金融危機。對未來房價持續上升的樂觀預期，又促使銀行擴大向信用度極低的借款者推銷住房貸款，也就是發放次級抵押貸款，以賺取更高的利息收入。雖然美國有嚴格的信用等級制度和失信懲罰制度，但是次貸危機的根源是信用過度膨脹，次貸危機實質上是一場信任危機。在某種意義上，次貸危機就是與信用等級制度有關的，正是某種信用等級制度促成了這場金融危機，所以次貸危機是一種制度性信用危機。次級貸款者是在信用等級制度下產生的，在這種信用等級制度下，次級貸款者的還款利率和還款週期要相對短一些。相對於給資信條件較好的貸款人所能獲得的比較優惠的利率和還款方式，次級貸款貸款人在利率和還款方式上，通常要被迫支付更高的利率，並遵守更嚴格的還款方式。這個本來很自然的問題，卻由於美國過去的六、七年以來信貸寬鬆、金融創新活躍、房地產和證券市場價格上漲的影響，沒有得到真正實施。這樣一來，次級貸款的還款風險就由潛在變成現實。在這過程中，美國有的金融機構為一己之利，縱容次貸的過度擴張及將其關聯的貸款打包和債券化，使得在一定條件下發生的次級貸款違約事件規模擴大到了引發危機的程度。自2006年起，美國房市大幅降溫，房價下跌，購房者難以將房屋出售或者透過抵押獲得融資。這種局面直接導致大批次級抵押貸款的借款人不能按期償還貸款，次貸違約率不斷上升。2007年4月2日，美國第二大次級抵押貸款機構新世紀金融公司向法院聲請破產保護，次貸危機開始顯現。此後，其他一些提供次貸的金融機構相繼出現財務危機，到2007年夏天，次貸危機全面爆發。此外，美國大批放貸機構在仲介機構的協助下，把數量眾多的次貸轉換成證券在市場上發售，吸引各類投資機構購買。然後，這些投資機構再將購買的證券開發成多種金融衍生產品，出售給對沖基金、保險公司等。據美國經濟分析局的調查，美國次貸總額為1.5兆美元，但在其基礎上發行了近2兆美元的住房抵押貸款支持債券，進而衍生出超兆美元的擔保債務憑證和數十兆美元的信貸違約掉期。而在這一所謂金融創新過程中，美國政府並沒有加強相關監管，使得金融市場越來越缺乏透明度。這一倒金字塔式的金融結構存在巨大風險，一旦作為基礎的次貸出現問題，將不可避免地產生連鎖效應，波及金額更為龐大的其他金融衍生商品。

最後，信用評級制度本身的制度性問題導致了這次次貸危機的全面爆發。信用評級是次貸危機的導火線。從本質上看，美國次貸危機信用傳導鏈條的核心是風險傳移，上游機構不斷將風險轉嫁給下游，每一個轉嫁環節中，投資者都將評級作為決策的一個重要參考。由於美國抵押證券的複雜設計，投資者根本不可能有足夠的數據和資料來評估所購買證券的內在價值和風險，因此評級機構發布的信用評級就成為購買者投資的主要依據。在這場危機中，穆迪、標準普爾、惠譽等主要信用評級機構成為最直接的批評對象。自 2006 年下半年開始，已經有大量證據顯示美國次級抵押貸款市場借款人違約率大幅上升，而主要信用評級機構對這一問題「顯然反應遲緩」，人們開始對評級機構是否擁有足夠的資源來理解「迅速變化且結構日益複雜的金融市場」產生懷疑。自從 2000 年美國開始大規模發行次級抵押債券以來，各評級機構就一直認定次級抵押債券和普通抵押債券風險並無二致，並給予最高信用評級。這大大促進了次級債市場爆炸式的增長。全球投資者正是由於信賴這些信用機構對抵押債券的高質量信用評級，才放心大規模地購買此類債券。但事實表明，這些機構所認定的與美國國債同等級別的 3A 級債券，在一夜之間變成了燙手山芋，甚至到目前為止已無法確定其真實價值。然而，各評級機構自始至終都是全球次級債市場暴漲的參與者、推動者甚至受益者。數據顯示，與傳統的公司債券評級業務相比，評定同等價值的次級債券，評級公司所得到的費用是前者的兩倍。僅穆迪公司在 2002 年到 2006 年間評定此類債券的收入就高達 30 億美元。各評級機構的收入主要來自於證券發行商，它卻要求評級機構對市場投資者負責，這從根本上來說是一種制度的錯位。因此，面對次貸危機，信用評級機構的公正性令人質疑，獨立性、質量和透明度值得進一步強化，其提供的信用產品可信度和質量也同樣值得商榷。

2. 占領華爾街運動

2011 年 9 月 17 日，上千名示威者聚集在美國紐約曼哈頓，試圖占領華爾街，有人甚至帶了帳篷，揚言要長期堅持下去。他們透過網路組織起來，要把華爾街變成埃及的解放廣場。示威組織者聲稱，他們的目標是要反對美國政治的權錢交易、兩黨政爭以及社會不公正。2011 年 10 月 8 日，「占領華爾街」抗議活動呈現升級趨勢，千餘名示威者在首都華盛頓遊行，逐漸成

論信任：風險世界唯一生存指南
第六章 信任危機與信任重建

為席捲全美的群眾性社會運動。紐約警方於 11 月 15 日凌晨發起行動，對占領華爾街抗議者在祖科蒂公園搭建的營地實施強制清場。最早發起這個運動的雜誌《廣告剋星》說：「在運動成氣候之前，提出具體目標是沒有意義的。所以，開始的目標就是占領本身——占領意味著直接民主，而直接民主有可能產生特定目標，也可能不。那些主流媒體不停地問什麼是目標，他們錯了。」意思是，抗議的青年們意欲透過「占領」本身形成一場對體制反思的運動，並且在占領過程中，以直接民主的方式去討論問題、目標與策略。而這個過程就是一種民主實踐。抗議者們表示，沒有人可以代表他們，因為由每個受害者自己來發言是最合適的了，這是為了不重演錯誤：讓少數人主宰一切，多數人被迫沉默。

美國一些專家認為，抗議活動已逐步向規模龐大的社會運動演變，暴露出了美國經濟、政治和社會領域中存在的諸多深層問題，可能對美國未來的政治決策產生一定影響。

占領華爾街運動抗議的不是現有制度運行中的偏差，不是違法和違反標準的問題，而是美國現存制度體制本身運行的問題。美國的金融體制讓抗議者失望，美國民主、共和兩黨之間勾心鬥角，互相掣肘，讓很多政策無法得到迅速而有效的實施，這也讓民眾十分惱火。抗議者表現的是對美國金融體制以及美國政治體制的徹底失望。抗議沒有具體的目標，因為抗議者已經對現行體制整體失去了信心，提出任何具體的目標在現行體制中都顯得很徒勞。代議制和兩黨制曾是美國引以為傲的制度，現在這兩個主要的政治制度都受到了公眾的質疑，面臨著制度性信任危機。而占領華爾街運動就是一種主動的參與。當制度變得帶有自反性時，當專家和政府機構的主張公開接受批評和爭論時，主動信任便會出現了。占領華爾街作為一種話語性的制度建構，是對公司、政策制定者和專家結成的聯盟之合法化的建構，透過這種建構傾注到制度中的信任必定是有其合法性的。

美國的次貸危機和占領華爾街運動都是制度性信任出現問題的表現，次貸危機是金融體制的合法性危機，占領華爾街運動則更加深刻地反映了美國社會政治體制和社會運行機制的合法性危機。曾被人們寄予厚望的制度已經

變得問題重重，隨時都有可能面臨公眾的質疑。美國作為現代化社會的先進代表，它所面臨的危機最典型地代表了現代性進程中制度性信任的困境。

第二節 信任的建立和重建
一、信任建立的條件
1. 信任重建的基礎

信任的基礎不應該僅僅建立在工具理性和控制上，信任的建立需要某種穩固的具有價值內涵的基礎性條件。但是，我們不能回到前現代社會中去尋找一種一元的、穩固的價值歸屬，在現代社會，信任的那種自然狀態再也回不去了，我們重建信任必須尋求新的根基。就公共領域需要建立起來的制度信任而言，需要內隱於社會文化——心理結構的價值層面。一旦這些價值牢固地扎根於社會中，它就會變成一個強有力的因素。在很多情景中，對於各種社會角色，既影響人們去信任的決心，也影響人們達到信任的要求，或很多行動者相互給予或達到信任的要求的決心。筆者認為，信任重建的基礎應該是承認、尊重、自主性、平等和民主。

（1）承認

「承認」一詞具有多個層面的含義：第一，「承認」這個詞基本上形成於 16 世紀，在 13 世紀時主要是一個法律用語，指判斷、發現。它不僅僅具有「認識」、「認知」的含義，在「承認」中更多的是「實踐的而不僅僅是理智的承認」。第二，「承認」一般被理解為一種心理活動、一種情緒態度，主體對一個情況、事實的接受。第三，在主體對一個事實的承認中，其實已經包含了一種認知的含義。第四，「承認」除了具有心理、知識和道德等層面的含義之外，它還具有「存在」層面的含義。「被承認就意味著在一個系統中獲得了存在，它沒有被排除出這個系統」（吳海燕、葉安勤，2009 年，第 113 頁）。承認理論源於黑格爾，黑格爾批判了馬基維利和霍布斯的社會鬥爭理論，認為人與人之間的鬥爭只是開端，人與人之間的爭執和鬥爭最終是為了達成某種倫理上的認同和承認。霍耐特在《為承認而鬥爭》中，進一

步發展了黑格爾的「主體間的相互鬥爭是為了謀求他者的承認」（霍耐特，2005年，第38頁），達到了具有平等主義色彩的相互承認高度，主體要獲得他者的承認就必須要承認他者。這種辯證的相互承認是一種獨立、平等和特色個體之間的互動，超越了黑格爾不對稱的主奴關係。隨著主體間承認水平的提高，人們會經歷愛、法律和團結三種承認形式，在一定意義上，它也對應了信任發展的三個階段：自然狀態、分裂的個體狀態、「我們」。承認將他人看成是具有獨立人格特質的本體性存在，尊重在這個基礎上建立起來。這與現代社會十分契合，它是平等的主體間交往的基礎。

承認是建立信任關係的前提。承認在人們不斷的交往摩擦中實現，一旦人們實現了彼此間的認同，那麼我們就能彼此接納，彼此信任，真誠相待。承認對信任而言具有根本性的意義。它意味著主體間的認同性，從被信任者來看，被信任不僅意味著擺脫了與他人之間的戰爭和防禦狀態，而且還意味著被他人賦予了某種同一性和人格的尊重，信任就是在承認的基礎上對他人有所託付。承認可以是特定的，也可以是擴大的、普遍的，可以是對特定他人的承諾或者保證的承認。但是承認的積極價值在於它達到的宏觀效果，在法律和國家的層面實現了一種價值的認同。一種普遍的承認就為信任提供了堅實的基礎，使信任得以在承認的基礎上建立起來。

（2）尊重

信任他人意味著對他人的尊重，不是以自我為中心地將他人作為手段和工具來操縱，而是將他人作為具有主體性的人來看待。信任者付出自己的信任，因為這體現了對被信任者寬容、仁慈、友好等肯定性情感，而且這預設了對方的善良品性和良好願望（UslanerE·M，2002，pp.76-83），意味著對別人的尊敬（馬克·E·沃倫，2004年，第272頁）。而守信更是意味著對他人的尊重，被信任者應該尊重對方的期望和要求讓對方遂願。因為有意識地實現他人的福祉，至少就是尊重和認可對方的人格，承認對方作為人的目的性價值（Lagerspetz，1998，pp.16-27）。盧曼也提出，信任意味著要考慮另一個人的視角（盧曼，2005年，第25頁），這就要考慮另一人的需

求和慾望以及實踐能力，或者代表另一個人的利益，從而產生對他人的依賴或者對他人的責任。

在我們的經驗中，也體會到信任與尊重之間的密切關係。當我們受人信任的時候，有一種被尊重的感覺，相反地，假如我們逛商場時總是被人監控甚至搜身，就會有一種不舒服的感覺，尤其是在被人懷疑而要求搜身的時候，我們覺得自己的尊嚴被踐踏了。所以，現實生活中，人們彼此之間多一些尊重，有利於信任的產生。

（3）自主性

普遍的自由和自主，是信任產生的邏輯前提，在承認人普遍自主性的基礎上才有信任。「一個行動者信任他人預示著他人的行動自由」（Barbalet，1996，p.79）。信任作為一種互動模式，它在成功運作的時候，起作用的是人的自主活動的能力。這裡的自主活動指的是信任者和被信任者雙方面的。這種互動模式是在承認人的普遍自主性和自由的基礎上，信任者積極主動地向他人開放，被信任者則對自己行為付之相應的控制來作為回應。在這一互動的過程中，人們的實踐交往充分展示了人的自主性的意義。

信任的不確定性雖然是由於主體性張揚（主體性張揚意味著我們前面提到的多元利益訴求、自由選擇，且多種可能性）而增加了，但是另一方面自主又是克服這種不確定性重要的潛在能動性，提高人們的自主性，就意味著一種積極主動負責任的態度，阿倫特在《人的條件》中，提到人們具有「允諾的本能」，這種允諾的本能恰恰就來自於人的自主性。阿倫特認為社會實踐的最大困境——不確定性，正是由人們的自由意志來拯救。對不可預見性的救贖（由於未來的不確定性）包含在許諾和履行諾言中。以諾言的方式束縛自己有助於在不確定（就定義而言指未來）的汪洋大海中建造安全的島嶼……這樣，它便成了唯一能夠替代一種以自我控制為基礎並能統治他人的控制能力的力量；它與自由（這是在喪失獨立自主的狀況下得到的）的存在高度一致。所有以合約與契約為基礎的政治體系固有的危險與優點在於，與那些以規則和主權為基礎的政治體系固有的危險和優點不同，它們把人類事務的不可預見性及人的不可靠性原封不動地保留下來，把這一不可預見性和

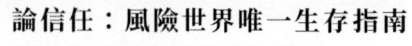

不可靠性僅僅作為一種仲介（可以這樣說），從中浮現一些預見性的島嶼，並在這一島嶼上建立起一些令人信服的航行路標（阿倫特，1999年，第235頁）。

在現代社會中，只有意識到另一主體的主體性，我們才會產生信任的想法。在主體性張揚的現代社會，信任的主體性基礎顯得更加突出，信任變成了應對另一個人之自由的迫切問題，這是現代社會信任產生的基礎，信任的建立與重建必須要以此為出發點。「社會契約」就是在「人人自由」觀念的基礎上產生出來的。在承認人的普遍自主性的基礎上才有信任。

（4）平等

正如我們上面提到的，現代社會中信任的起點已經不是一種依附性關係，而是人與人之間的平等交往。平等強調的是人與人之間無差別，這種無差別主要是一種價值的訴求，即人是沒有高低貴賤之分的。從現象上看，這種平等好像對權威（權威對信任而言具有重要的價值）是一種威脅，但是平等與權威之間並非是完全對立的關係。權威也可以建立在人人平等的基礎上，在這個基礎上的權威更能體現人們的心悅誠服。

平等對於信任具有重要的促進作用。在一個階級森嚴的社會中，人與人之間的交往受到了很大的侷限，不同階級的人們之間很難有真正的信任。人們在與階級之外的人交往時，往往存有戒心，甚至不願意與階層之外的人交往，貴族不屑於與平民交往，而平民羞於與上層社會交往，也很難進入到上層社會的交往圈子。而在一個人人平等的社會，人們之間的交往會更加頻繁密切，信任和參與是相互依賴的：信任來自於豐富的聯合生活，同時又有助於自發地產生新的交往、聯合和積極參與。另外，在平等的社會中，沒有了階層之間的隔閡和芥蒂，容易形成友好、寬容的氛圍，而這種氛圍對於信任而言具有重要的環境價值。

（5）民主

人們對民主的訴求就是張揚個體自主性。信任所包含的個體自主性基礎使得信任與民主之間有著密不可分的關係。民主中所包含的參與意識是現代

社會信任建立的一個重要條件。另外，現代社會中，信任是在平等交往基礎上建立起來的，這本身就意味著信任有民主的基礎。但是有些學者卻認為民主破壞了信任。

例如，福山認為，民主往往是與信任相悖的，甚至會瓦解信任的資本。他認為，信任不能透過政府的行為積極建構，只能透過公民社會內部的「神祕的文化過程」產生（福山，1998年，第362頁）。福山所理解的信任主要侷限在前現代社會的保守主義意義上。基於我們在「信任的歷史形態」一章中的分析，前現代社會中的信任只是信任在一定歷史時期的形態，信任在現代社會中的表現形態是與政治民主有密切關係的。民主與信任之間是一種緊張的關係，表面上看，民主往往破壞既成的信任，但是，正是這種破壞防範了背叛信任的風險，加固了現代社會信任的制度性架構，使得現代社會中的信任更加有保障。民主破壞的是無保障的信任，在此基礎上促成了有保障的信任機制產生。民主的參與性意味著人與人之間從不信任走向信任（馬克·E·沃倫，2004年，第319-322頁）。

2. 現代社會中如何取信

關於如何取信，很多人（例如，盧曼和紀登斯）強調了連續性和一貫性——反覆無常的人、朝令夕改的政府不可信，確實，連續性和一貫性對於取信而言具有重要的意義；但是筆者要補充的是很多學者對坦誠和真實性的忽略。

（1）一貫性

他人或機構、組織何以是可信的？當討論受託方獲得和維持可信性的條件時，盧曼提到了四個方面：聲譽（以往的行為，尤其是某種一貫性、連續性）、事前承諾及表現（著眼於當下）、可見性（公開性），此外還有情景約束（盧曼，2005年，第43-49頁）。

這四個方面中人們討論最多的是一貫性（或連續性）。盧曼說：「信任逐漸地融合到對連續性的期望中，成為我們經營日常生活的指導方針」（盧曼，2005年，第32頁）。在做出是否給予信任的決定中包含的首先是受託

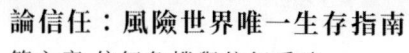

人將維持信任的可能性。一個人或機構、組織值得信任，這是因為他（它）構成一個有序的、而非任意的行動系統中心，其行動是穩定、連續、一致的，這使其發揮功能的條件顯而易見，可以寄予期望、委託。當被信任者是個人的時候，這個人言行一致，具有穩定的人格，值得信賴；當被信任者是社會組織機構的時候，這個組織有秩序，以及秩序的切實可行性、公正、有效率、負責任等等。

只有使個人和社會的行動系統穩定化，作為一般社會態度反應的信任擴展才是可能的。正是這種連續性與慣常性，使得成人在能夠對日常生活做出合理預期的同時，感受到存在的安全性。紀登斯認為，大多數人對其自我認同之連續性以及對他們行動的社會與物質環境之恆常性具有信心。這是一種對人與物的可靠性感受，它對信任來說如此重要，以至於它不僅構成了本體性安全感的基礎，而且在心理上信任與本體性安全也彼此密切相關，作為基本信任的本體性安全就是「對它們的自我同一性的連續性和環繞者行動的社會環境及物質環境恆常不變的信心」（紀登斯，2000 年，第 80 頁）。如果這種可連續性與慣常性不存在了，一切變得不可預期、不可信賴，焦慮就會襲來。

（2）坦誠

在現代社會中，社會交往具有瞬時性，甚至是一次性的，那種在熟悉的環境中與熟悉的人交往，已經不是普遍狀態了。以交往歷程作為牢固的熟悉背景的信任已經不能滿足現代社會信任的需要，我們應該尋求什麼支持呢？現代社會很多時候面臨「積極信任」的場景：就像剛登上荒島的魯賓遜，我們經常發現自己處於一個陌生的島嶼，在這種時候，熱情、坦誠、開放的氣質更容易取得別人的信任。現代社會中，信任很多時候是一種積極主動的自我開放過程。

在《自反性現代化》中，紀登斯提出了「積極信任的」概念。所謂積極信任，信任在個人層面成了一個項目，一個與此相關的當事人所從事的一項工作，這種項目要求個人向他人敞開胸懷。在不可能受固定標準控制的地方，必須要有信任，做到這一點的辦法就是直率、熱情與開誠布公。信任不

再是給定的，而是建構起來的，而且這種建構意味著一個相互的自我開放過程。信任是相互發現的過程，必須透過自我挖掘的過程來建立信任（紀登斯，2000 年，第 106-107 頁）。一個坦誠的人，是更加可信的。

「積極信任」對於急遽變化的現代社會而言，是非常適切的（Giddens，1990，pp.167-168）。現代社會越來越陌生化，人們不可能依靠一種自然態度式的信任了，盧曼也提出熟悉感的分殊（Luhmann，1979，p.41）。人們在這種情境下，建立信任就需要一種積極主動的態度。毛勒瑞茵說，在積極信任中，行動者是在做著信任。

（3）真實

在這裡我們想強調的是，對真實性的渴望與追求是現代社會信任得以發揮功能的一個最基本的前提，但人們對此談論的卻不多。以前人們談得更多的是真誠，在不依靠情感基礎的社會交往中，對抽象系統和權威機構的信任越來越重要，我們向這些機構索要真相的頻率也越來越高，真實就顯得更為重要。例如，資訊公開就是我們對真實性的訴求，資訊公開的價值在於改變權威部門（個人）對資訊的壟斷，便利於民眾及時掌握情況、監督進展、做出反應。一些企業在產品出事以後，不是及時地向社會通報具體詳情，而是百般抵賴。一些專家利用普通民眾專業知識的侷限，以虛假資訊蒙蔽民眾。資訊壟斷、資訊公開不足誤導了民眾，破壞了社會信任，而且是滋生謠言的土壤。

真實就是講真話、實事求是或誠信不欺、告知真相。鮑克曾透過一個思想實驗道出了說真話與信任之間的密切關係：在一個講真話不再是慣例的世界，你將不會相信任何你被告知的事情或者讀到的東西；你將不得不投入大量的時間去親自查明每一件事，即使是最簡單的事；然而很可能你根本不能查明任何事情（Bok，1978，p.47）。生活中我們想做的事情，因為有了普遍的信任才成為可能，而這又基於在這個世界裡說真話是普遍的。整個人類社會「信任大廈」的根基就在於真實。

紀登斯認為，「真誠被我們所說的真實性所取代」（紀登斯，2000 年，第 104 頁），其實真誠與真實對於取信來說都是至關重要的，但是對於現代

社會而言，真實的取信價值日益突顯。真誠即真實誠懇，真心實意，坦誠相待，以從心底感動他人而最終獲得他人的信任。真誠也是個人文學描述性詞語，用以形容人格。而真實主要指的是事情本身、真相，具有客觀事實性。真誠不一定意味著真實，很多時候一個對我們真誠的人，可能會為我們的利益著想，而撒善意的謊言，真誠具有很濃的人情味。

而真實，往往是意味著客觀冷靜，公布真相。當人們高喊著我們要真相的時候，就是當代社會對真實的強烈呼籲，可以是沒有情感訴求的。哈伯馬斯把真實與真誠看作理想交往的基本條件：在涉及客觀世界時，互動者的陳述必須真實；在涉及主觀世界時，互動者的陳述必須真誠；在涉及社會世界時，互動者的陳述必須正確（哈伯馬斯，1989年，第8-9頁）。從兩者的區分，我們可以看出真實對於現代社會的重要性。我們想要的真實是一種透明度，抽象系統公開化的操作流程甚至是運行失敗的真相；當地震發生的時候，我們想要知道傷亡人員的具體數量和受災嚴重的程度；我們想要知道我們的社保基金運作的現狀等等。我們對真實性的渴求，是現代社會普遍的信任需求，真實性是取信的一個重要標準。

二、信任重建的舉措

要從全社會、從根本上克服信任危機現象，建立起普遍的信任關係，必須加強制度、市場與文化建設，建立起一種能為社會成員普遍信任的制度性安排與制度性承諾、一種現代性生活方式。

1. 完善市場經濟

在一個充滿猜疑的社會裡重建信任，並不像在廢墟上蓋一座樓那麼容易，更不像技術路線那麼簡單，必定是一個策略性的、長期性的歷史進程。這其中，以價格、契約和利益為基本機制的市場信任，以效率為追求對象的社會信任原則，在社會主義市場經濟發展中又是必不可少的。

信任日漸式微，是近年來在市場經濟發展過程中發生的，是市場經濟發展不足的伴生物。許多不道德、不誠信的行為，在一定程度上是與市場經濟

的無規範、不發達相關的。進一步完善市場經濟體制，使市場經濟體制蘊含誠信的倫理道德，最終成為全社會普遍認同的行為規範。

市場經濟本身就是「信用經濟」，沒有信任就沒有市場，就沒有市場經濟。發達的市場經濟與發達的信任、信用密不可分。市場經濟是透過市場機制的作用配置社會資源的一種經濟體系，它透過供求、價格競爭這些相互依存、相互制約的機制，把人力、物力、財力等各種資源的潛力最大限度地調動起來，並加以合理配置，從而推動生產力不斷向前發展。市場經濟畢竟是人類文明進步的一種歷史形式，其道德的進步性在於：在人的獨立性基礎上形成的主體利益意識、自主自立意識、競爭意識和開拓創新精神，促進人的個性、能力的自由和多方面的發展，從而歸根到底對促進社會生產力的發展，起著巨大的解放和推動作用。正是建立在「自由、平等、所有權」的前提下，才產生了與市場經濟相適應的道德維度，即尊重、誠信、守時、互利、效率等相關內容。發達的市場經濟是以信任為基礎的，市場經濟又是培養現代性信任人格的重要環境，因此，完善市場經濟是我們找回信任、重建信任的「內生」基礎。

2. 加強法律和制度建設

除非一個社會在日常生活世界建立起一種穩固的交往方式與行為規範，並在實踐中證明這種交往方式與行為規範可以為人們的行為及其結果帶來可預期性，可以給人們帶來安全感，否則，這個社會中總是會瀰漫著某種不信任的情緒。只有正義的制度規範和司法執行才可能普遍地適用於每一個個體，達到一種普遍的期待，換句話說，在利益和需求多元化的社會，制度的供給問題成為社會生活的基本問題。高兆明認為，當人們在日常生活中感覺到普遍的信任危機時，這種信任危機儘管是發生在個體、個別的層面，但實質上卻是社會更高層次某種制度規則、機制不合理性的彰顯與突顯（高兆明，2002 年，第 14 頁）。因此，要在全社會從根本上克服信任危機現象，建立起普遍的信任關係，關鍵在於建立起一種現代性生活方式，確立起一種能為社會成員普遍信任的社會制度性安排與制度性承諾。超越私人性與私利性的

普遍平等適用的制度規範，是異質社會秩序和社會生活的基礎。充足的制度供給減少了人們運用人情找關係的不公正交易的可能性。

制度往往與法律並行，沒有法律制度幾乎寸步難行。美國著名法學家伯爾曼曾說：「法律必須被信仰，否則它形同虛設，它不僅包含有人的理性和意志，而且還包含了他的情感，他的自覺地獻身以及他的信仰」（哈羅德·J·伯爾曼，1991年，第28頁）。規範的一致性以及社會秩序的穩定性不僅為社會生活的穩定、安全和人們的理性預期提供可靠的保證，而且，人們遵循的不斷重複的行為慣例使預測他們的行為成為可能，履行義務和回報信任不再是一種職責要求，而是沒有疑問的、習慣性反應。公正的法律和制度保證公正、平等的交往環境，建構信任的健康環境，法律和制度建設是當前社會信任重建所面臨的挑戰，同時也是消解信任危機的當務之急。

3. 提高公信力

公信力是社會信任的基礎，其中政府和權威機構的公信力尤為重要。公信力的重建應為當前信任重建的當務之急。

政府誠信是一種起著主導作用的信任形態，社會信任的再生機制需要以政府誠信為起點。因此，加強政府誠信建設，是社會誠信建設的基礎工程和先導工程。在當前，要最終化解這場社會誠信危機，必須先解決政府誠信問題。

政府公信力危機原因雖然是多方面的，但是目前主要的原因是相應的法治建設未跟上，對公權力缺乏有效的監督機制。從制度建設入手，克服消極腐敗現象、官僚主義和特權思想。權威機構和政府部門，一方面接受公眾的監督，遵循必要的法規，約束自身的行為；另一方面適應當前管道多元、利益多元、訴求多元的新情況，建立並完善鼓勵誠信、有利於重構公信力的制度體系。同時，加強政策制定的民主化、科學化和法治化建設，增強公共政策的公平性，增進公共服務機構運作的公開化、透明化。透明化意味著群體、聯合會、機構、組織和政權制度的功能、效率、公正、成就水平，以及失敗與病態的資訊的可獲得性，這種可獲得性為公眾提供了一種安全、易理解和可預測的感覺，不僅使人們確信他們可期望什麼，而且即使社會組織失敗或

第二節 信任的建立和重建

出現故障也被認為是可能的，不會使人們遭受突然打擊。此外，加大資訊的公開力度，提升政府的透明度同樣必不可少。只要政府切實推行透明操作，全面保障老百姓的知情權、參與權和監督權，讓公共權力真正在陽光下運行，政府就一定能夠重新贏得民眾的信任。目前，政府部門已經在探索資訊公開制度化，透過認真傾聽民眾心聲，及時回應社會關切，有效引導社會大眾的情緒，慢慢找回失去的信任。

專家、媒體公信力的重構，也離不開相應的制度保障。為了保證社會公眾在面對重大公共事件時，能夠獲得來自專家、媒體及時、準確的資訊和建議，也必須要從制度層面著手，建立維護其社會公信力的長效機制。一方面要建立相應的利益保障機制，使專家、媒體能夠有說真話的勇氣，同時，也要建立必要的懲處機制，對於損害公信力的做法，實行最嚴格的處罰，提高失信的成本，只有這樣才能恢復社會公信力，擾亂大眾視線的謠言才會不攻自破。

此外，增強社會公信力也離不開公眾自身素質的提高，公眾要提高謠言鑑別能力。

4. 新型人格的培養

從社會教育的層面看，培養樂觀、自信、富有同情心、積極向上的個體人格對於信任的重建具有積極意義；形成開放、民主、公正的社會氛圍，是現代社會信任重建的社會環境基礎。正如紀登斯所說，「現代性社會的個人信任不是預先給定的，而是全社會個體主動建構的結果，而這種建構本身又意味著一個相互開放自我、接納他者的開放性過程」（紀登斯，2000年，第106頁）。相互開放自我意味著信任他人，也樂於被信任。在這一主動的建構中，承諾開啟了信任之門。承諾對於個體來說意味著對自己行動能力的自信，承諾透過明示而被預期，於是承諾者就與其自我表現一起捲入他自己創造的規範之中了。在相互開放的基礎上，樂觀自信的個人特質使人能夠做出承諾。新型人格的培養可以形成一般化的信任氛圍。

市場經濟是現代性信任產生的社會生活土壤，制度的完善是信任重建的可靠保證，公信力的提高是信任重建的先導工程，新型人格的培養是信任重

建的社會氛圍。這四個方面相互滲透、相互影響，形成了一項宏大、複雜的系統工程，其中包含著大量因素複雜的相互作用，也需要與其他的社會建設（例如民主建設）相互支持。需要注意的是，我們今天重建社會信任，固然要吸收和借鑑人類文明發展的成果——以契約和理性精神為核心的制度信任和系統信任。但必須看到的是，這種制度信任往往又是建立在抽象的「原子式的個人」的歷史前提和「個體利益最大化」的基礎之上的，它缺少價值理性的支持。隨著現代化的深入（有人稱之為「第二次現代化」或「後現代」），現代的信任模式也暴露出自身的問題，西方社會正在經歷著一場深刻的制度性危機，制度信任模式也正在面臨著轉變。因此，我們不能照抄、照搬西方的模式，而是必須從實際出發，建設適合國情的信任體系。

第七章 結語

第一節 本書的研究結論

　　本書的論證基本上完成了在緒論中的研究目標，對緒論中提出的一系列研究問題做出了解答。我們將以緒論中提出的問題為導向，對本書的研究做一個簡單的梳理和總結。

　　信任到底是什麼，是否有幾個詞彙能高度抽象地概括出信任的內涵？我們透過「什麼是信任」一章對信任概念的分析，得出了信任的分析性概念。信任是這樣一種行動：如果 A 信任 B，在一段時間內，A 在事實或法律上把與自己的利益攸關的事物 X 託付於（或轉讓給）B 的監管或自由支配之下，或者使 B 處在擁有這些權力的情境之中；同時，A 期待 B 能夠根據自己的利益看管好 X，且有適當看管好 X 的必要能力，而不會做出損害 A 的利益之情事。但是 A 很難在事先防範 B 草率使用支配 X 的自由決定權，乃至 B 的失信，至多只能在事後予以懲戒。

　　在這個概念中，我們提煉了三個理解信任內涵的抽象詞彙：行動、託付、不確定性。這三個詞高度概括了信任的內涵，其中「託付」體現了信任問題的現代性特質，而「不確定」則為信任的研究提供了重要的理論鋪墊。

　　信任與我們的生活實踐有著怎樣的密切關聯？我們發現自己越來越生活在一個變化、充滿不確定性的世界中，這種不確定性是本質性的、無法消除的。社會領域比自然領域更為複雜，整個社會系統運轉由於各構成要素的互動而導致了大量的外在混亂。在人們頻繁的交往中，人與自然、人與社會、人與人甚至人與己相互作用的結果，經常由於人類行為的機動性而難以控制；人們殫精竭慮規劃好的計畫卻頻頻出現意外；人類社會政治、經濟、文化整體狀態因為某些環節或某些因素的變動而呈現不確定的發展曲線……社會生活領域充滿了不確定性。社會生活的不確定性主要根源於行動本身的不確定性和他人的不確定性，其中他人的不確定性是主要的。無論是從心理上還是生存上，應付不確定性都是必要的，具有本體性的意義，是人類生活與實踐

的一個重大主題。應付不確定性與很多積極的價值需求相關：可靠、安全、穩定。作為一種行動的方案，信任應對了社會不確定性——他人問題。信任怎麼應付社會不確定性呢？在對信任的研究中，有一個傳統一直被我們忽視了，那就是由齊美爾所開創的「跨越」的傳統。透過對信任的一個被忽略的重要內涵——「跨越」的梳理，我們剖析了信任對不確定性的應付。我們發現實現這一跨越的不僅僅是某種心理構成和某種激情驅使。信任對不確定性的跨越除了一種心理準備之外，還需要實踐的捲入、介入、互動和實在化的過程。

信任對於人類社會有著怎樣不可取代的重要意義？信任是社會的基本價值，主要指信任對於社會而言具有基礎的、支撐的價值和地位，甚至我們可以說信任對社會而言是必要的。其實，在社會發展中，人們經常會用一些價值指標來衡量社會發展的狀況：比如正義、團結、穩定、自由、平等、權利。在一系列價值指標中，有一些相對於其他的價值指標而言，具有基礎性的地位，它們對於社會的運行和社會中個體的發展具有首要的、基本的意義。羅爾斯就認為在一系列指標中，正義具有首要的價值，而伽達默爾則強調了團結。我們比照羅爾斯將正義看作社會基本價值的提法，強調信任也是社會的一種基本價值，信任與正義一樣對社會的存在與發展具有基礎性的地位和價值。

因為，信任如正義一樣，兼顧了社會個體與整體的發展。一方面，信任對於社會中的個體具有重要的意義：任何個體的行動和實踐一定是在社會中的實踐，不可能脫離社會單獨存在；而在社會中行動的問題就是社會不確定性問題，信任處理了社會不確定性，使得生活在社會中的個體行動和實踐得以可能；信任促成了個體行動的成功；信任開發了個體活動可能的社會空間；信任讓個體更具有創新性。另一方面，信任對於整個社會組織系統健康有序的存在和發展具有重要的意義：信任有利於營造安全的社會環境，信任維護了社會秩序和穩定，信任促進社會合作和團結，信任有利於社會繁榮進步。

信任本身與現代社會有著怎樣的密切關聯？現代性進程與我們所談的「信任危機」到底是什麼關係？前現代社會大量的信任關係都侷限在熟人社

第一節 本書的研究結論

會中，信任主要是面對面的人際信任，具有在場、直接、情感和道德的屬性，建立在對日常世界熟悉的基礎上，與自然態度密切關聯。前現代社會的可信性依託於人們共有的血緣、傳統和宗教等。隨著社會現代化的發展，人們的交往範圍擴大、社會分工細化、角色的分化和多元化，人們逐漸擺脫了身分、階級的束縛，主體性和自由不斷增長，世界受到有目的的人類行為影響的範圍也在不斷擴大，社會更趨於複雜化。建立在面對面基礎上的直接信任，已經無法滿足複雜社會的需要。以制度和法制為核心的契約、貨幣、抽象系統把信任關係變為客觀有效的和可控制的，現代社會完成了信任從特殊主義到普遍主義、從作為德性到客觀化的制度保障的過渡。

在這一過渡中，契約關係發揮了重要的作用。於是，在現代化的進程中，信任成了一個普遍化的現象，信任問題在本質上是與現代化相關的。在這種普遍化的過程中，人與人之間的直接信任被客觀化，演化為制度性承諾與制度性信任。正是這種制度性承諾及制度性承諾的可信任性，與個人承諾及個人承諾的可信任性交互作用，構成現代性社會的現實信任關係。現代社會信任模式是建立在個體主義和「利益最大化」兩個假設之上的，人與人之間是工具和手段的關係，是利益博弈的關係，從而也是相互防禦的關係，很難談到真正的友愛、信任和責任。現代社會制度信任的這兩個邏輯假設本身就蘊含著信任危機的隱患，當制度信任發展到一定的階段，信任問題就會從制度背後突顯出來。筆者認為當今世界性信任危機，不僅僅是很多學者所談論的轉型期價值斷裂問題，世界性信任危機主要是由於現代化進一步發展（第二次現代性），導致現代社會制度信任模式出現了危機。今天，世界已經進入了全球化時代，社會越來越複雜，不確定性比以往任何時候都更多。人們擁有的選擇空間越來越大，這同時意味著向其他人敞開的可能選擇方式越來越多，他們行動的匿名性和非人格化也在不斷增加，其行動更加難以預測。而制度、組織和技術系統的複雜性及其運作的全球化程度日益增加，對社會的很大一部分成員來說也已變得更加難以理解和控制。尤其是，由於資本的逐利和短視，以及技術理性的擴張，社會生活充滿著我們自己製造的和不斷擴展的新威脅和新危險，人類已經進入了全球性的「風險社會」。

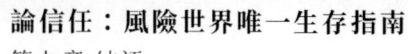

第七章 結語

這些問題的出現，一方面更多地籲求信任（貝克就把信任稱為風險社會的核心問題，參見貝克，2004年，第6頁），另一方面又暴露出現代社會制度信任的某些脆弱和侷限。「信任危機」也正是由此而來。具體而言，現代社會信任危機主要有以下幾個原因：當代社會對信任的需求愈加旺盛；傳統斷裂導致了現代社會信任缺乏穩固的價值基礎；工具理性的短見性，讓人與人之間的交往變得急功近利，人們只要有機會就會「搭便車」，稍不留神我們就會被他人欺騙利用；控制的侷限性（完全控制的不可能性，過度控制限制人們的自由創造力）；抽象系統加劇了社會不確定性。

我們能做些什麼來重建社會信任？從全球範圍來看，對信任危機的體察，沒什麼時代比現代社會更加深刻，全球意義上的信任危機主要是一種現代性制度信任危機，是對現代化過程中制度化弊端的體察。信任危機是雙重的，既包含了現代化進程的不徹底性，比如，人情社會與法制社會並存，也包括了現代社會制度信任本身所面臨的新的危機。筆者針對信任危機嘗試性地提出重建信任。首先，提出了信任重建的一般性條件：以承認、尊重、自主、平等和民主為基礎；以一貫性、坦誠和真實（與真誠有所區別，主要強調對客觀事實的公開）為可信性條件。其次，筆者提出了重建信任的建議：提高公信力、加強制度與法制建設、完善市場經濟、新型人格（積極、樂觀、開放自信）的培養。但是，我們在採取這些措施的同時要注意防範西方世界正在經歷的制度性危機，因此，我們不能照抄照搬西方的模式，必須從實際出發，建設適合自己的信任體系。注重信任文化建設，傳統文化在培育社會信任方面留下了豐富的思想遺產，諸如誠信、仁愛以及它們的整體主義前提等，這些在今天仍值得我們認真對待。

要在全社會從根本上克服信任危機現象，建立起普遍的信任關係，必須加強制度和文化建設，建立起一種能為社會成員普遍信任的制度性安排與制度性承諾、一種現代性生活方式。這是一項宏大、複雜的系統工程，其中包含著大量因素的複雜相互作用，需要制度、市場、文化三個方面建設的相互促進，也需要與其他的社會建設（例如社會主義民主）相互支持，更需要全體社會成員的共同努力。

第二節 研究的不足和展望

　　筆者在文中對信任做了系統化的哲學探討，但是，由於信任問題在哲學領域沒有引起足夠的關注，可供參考的哲學類研究資料也很匱乏，筆者的研究顯得很大膽，同時，也可以說很輕率，難免會有很多不足。本書的研究僅僅是拋磚引玉，希望引起哲學領域的研究者對信任問題的關注。本書的研究主要有以下幾個方面的不足，針對這幾個方面論證的不足，筆者將在日後的研究中繼續做進一步的探討。

　　①本書對信任的定義，雖然有日常語言和學術研究的分析性鋪墊，但是我們提出的關於信任的分析性定義，主要是基於研究的需要，將「行動」、「託付」以及「不確定性」放到了突出的地位。從定義的完整性與嚴密性的角度看，難免顯得草率。

　　②「信任是社會的一種基本價值」一章的論證顯得比較簡單、粗糙，這一部分的研究有待細化。畢竟，羅爾斯透過一本專著論證了正義對於社會的基本價值，而筆者僅用一章的篇幅嘗試性地論證了「信任是社會的一種基本價值」，因此，這部分的研究僅僅停留在初步的探討層面，主要的貢獻是提出了「信任是社會的一種基本價值」這一命題。對這部分的進一步研究，筆者要進一步借鑑羅爾斯的研究框架，而不僅僅是內容層面的借鑑，在一個更加嚴密的邏輯體系中探討信任對社會的基本價值，這個研究目標本身就是一個重大的課題。

　　③缺乏對世界性信任危機的對策研究，這也是筆者下一步研究的一個重要方向。筆者僅指出了世界性信任危機的原因——制度的侷限性，而沒有做相關的對策研究。對世界性信任危機的對策研究，也許意味著要從根本上改變信任的存在形態，信任可能迎來繼制度性轉變後的第二次轉變。關於這個問題，已經有學者開始關注了。

國家圖書館出版品預行編目（CIP）資料

論信任：風險世界唯一生存指南 / 郭慧雲 著 . -- 第一版 .
-- 臺北市：崧博出版：崧燁文化發行 , 2019.09
　　面；　　公分
POD 版

ISBN 978-957-735-917-9(平裝)

1. 人際關係

177.3　　　　　　　　　　　　　　　　108014402

書　　名：論信任：風險世界唯一生存指南
作　　者：郭慧雲 著
發 行 人：黃振庭
出 版 者：崧博出版事業有限公司
發 行 者：崧燁文化事業有限公司
E - m a i l：sonbookservice@gmail.com
粉絲頁：　　　　　　網址：
地　　址：台北市中正區重慶南路一段六十一號八樓 815 室
8F.-815, No.61, Sec. 1, Chongqing S. Rd., Zhongzheng Dist., Taipei City 100, Taiwan (R.O.C.)
電　　話：(02)2370-3310　傳　真：(02) 2370-3210
總 經 銷：紅螞蟻圖書有限公司
地　　址: 台北市內湖區舊宗路二段 121 巷 19 號
電　　話:02-2795-3656 傳真 :02-2795-4100　　網址：
印　　刷：京峯彩色印刷有限公司（京峰數位）

　　本書版權為為西南師範大學出版社所有授權崧博出版事業股份有限公司獨家發行電子書及繁體書繁體字版。若有其他相關權利及授權需求請與本公司聯繫。

定　　價：300 元
發行日期：2019 年 09 月第一版
◎ 本書以 POD 印製發行